PREFECTURAL BORDER TOURS

県境マニアと行く くるっとふしぎ県境ツアー

田仕 雅淑

技術評論社

はじめに

「趣味は県境です」

そう聞いて、皆さんはどう思うだろうか。
たいていは、この人は何をいっているのだ……
という反応だろう。筆者もそうだった。
「県境」という趣味があることを知った当時、
かなり戸惑ったことを今でも覚えている。
しかし、いざ自分がその世界をのぞいてみると……
例えば県境がショッピングモールの中にあったり、
神社の中にあったりと、
これまで空気同然の認識だった県境が、
実に多彩でバラエティ豊かであることを知った。
そして境界がある所には、それぞれに
ドラマや歴史があり、今の境界線はそれらの過去が
紡いだ結果であることが分かってくると、
私はますます「県境」にのめり込むようになった。
県境の面白さを広めるため、私は絵を描く
仕事のかたわら、県境をイラストにして
紹介する同人誌活動を始めた。

県境の楽しみ方

本書で「県境」という趣味を知ったばかりの方には、何をどう楽しんでよいかも分からないだろう。ここでは県境の楽しみ方を、例としていくつか紹介する。

1 県境の手がかりを探す

県境は主張をしない。引っ込み思案な県境を、こちらから見つけにいくのが県境ハンターのたしなみだ。その際に手掛かりになる代表例が、左記のモノである。

- 道路脇にある自治体のカントリーサイン
- 地面に埋まっている境界標石や金属標
- 道路や歩道の、舗装の変わり目や、白線の途切れ
- 住所表示

2 境界線を想像する

手がかりを見つけたら、それらから境界のラインを想像してみよう。あなただけの拡張現実が見えてくる。

その活動がもうすぐ10年になるというところで、
技術評論社さんとご縁ができ、
お陰様で本書を刊行することができた。

この本は、サブカルチャーのなかでも、
まだ認知が充分とはいえない
「県境」というジャンルを広めるための書だ。
取り上げた県境も初心者からマニアまで、
あらゆる人に刺さるよう、
定番のスポットとマイナーな場所を織り交ぜ、
全国まんべんなく紹介している。
県境初心者には、県境を楽しむ方法と
その場所へ行くガイドとして活用してもらい、
経験者には、歴訪した県境の情報確認と、
未訪の場所のチェックをしていただけたら幸いである。
拙著をきっかけに、県境を趣味の一つとして選び、
もし楽しいと感じたなら、
周りの人にぜひこういっていただきたい。
「趣味は県境です」と。

3 県境をまたぐ

たまに地面に県境の境界線を示している所がある。
そこをまたぐことで、自分が二つの県に
同時に存在している不思議を体験。
興奮まちがいなしだ。

4 県境のラインを反復横跳び

県境をまたぐように反復横跳びをしてみよう。
自分の身体が一瞬にして県を移動している事実に、
テンションは爆上がり。

5 県境上に寝そべる

県境に身体を預けることで「人線一体」となり、
県境気分を満喫できる。
周りの視線を集める可能性が高いので、上級者向き。
くれぐれも法律は遵守すること。

6 現地の方の話を聴く

現地のことは、地元の人が一番良く知っている。
住民の方を見つけたら、お邪魔にならない範囲で
話を聴いてみよう。生きた歴史を学ぶチャンスだ。

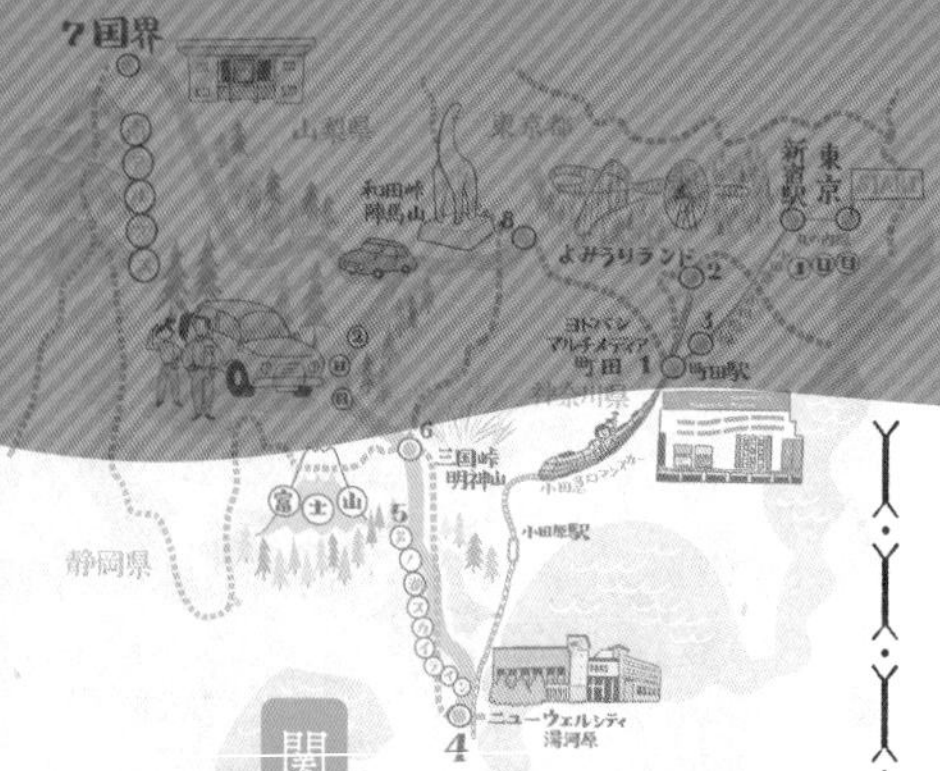
7国界
山梨県
東京都
和田峠
陣馬山
8
新宿駅
東京
よみうりランド
2
3
ヨドバシ
マルチメディア
町田 1
町田駅
神奈川県
6
三国峠
明神山
小田急ロマンスカー
富士山
5
小田原駅
静岡県
ニューウェルシティ
湯河原
4

CONTENTS

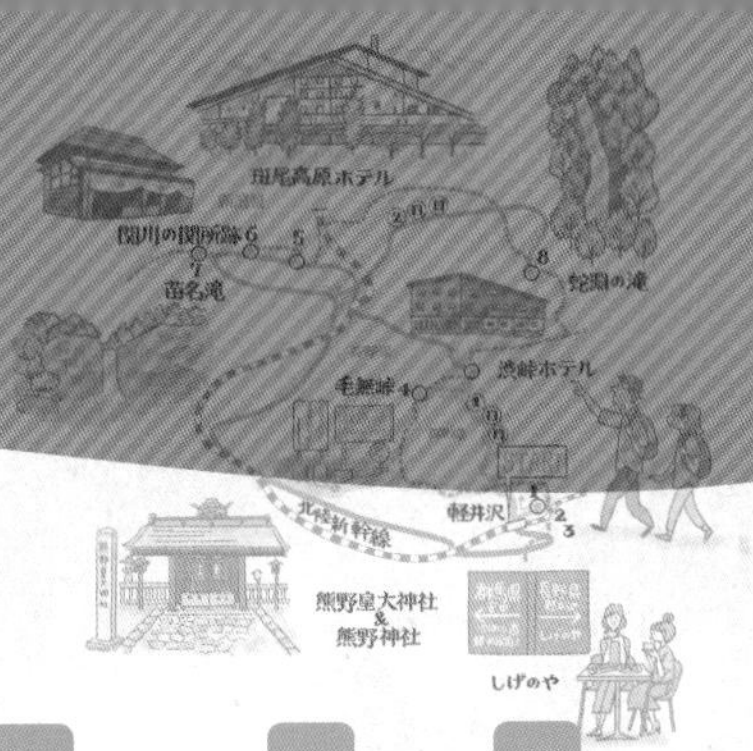
関川の関所跡6
5
7
苗名滝
8
蛇淵の滝
渋峠ホテル
毛無峠4
軽井沢
2
3
北陸新幹線
熊野皇大神社
&
熊野神社
しげのや

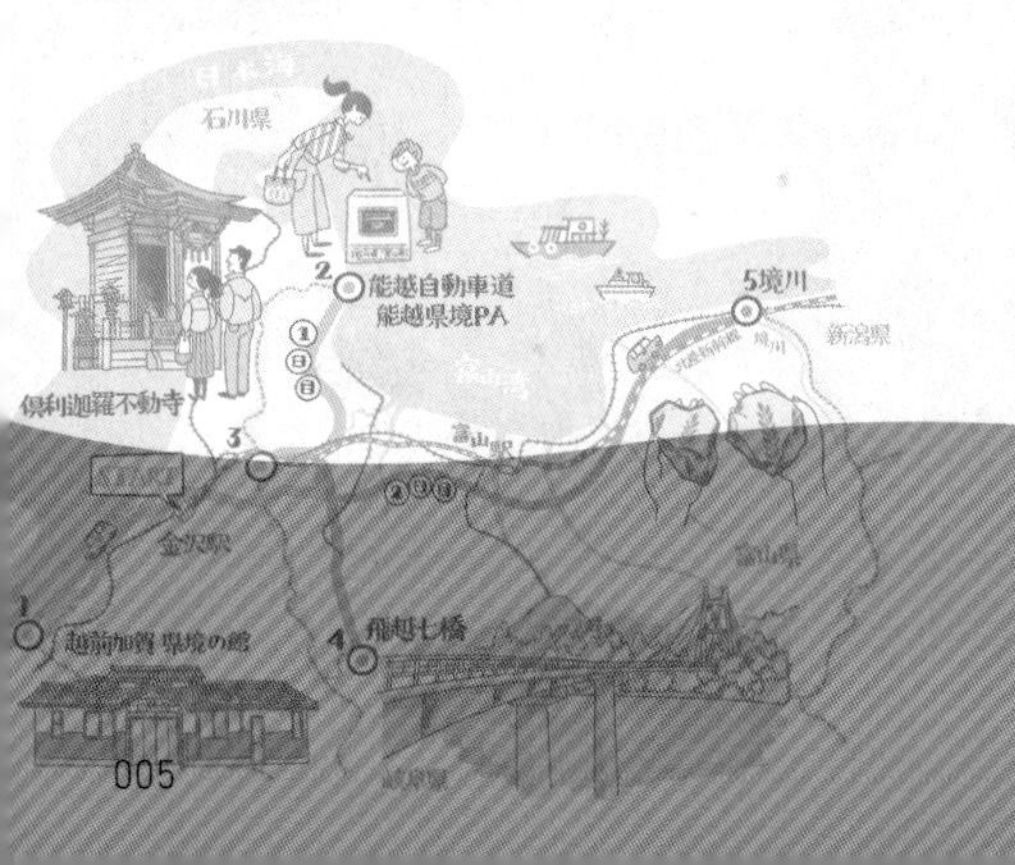
石川県
2
能越自動車道
能越県境PA
5境川
新潟県
倶利迦羅不動寺
3
富山駅
金沢駅
1
越前加賀 県境の館
4
飛越七橋

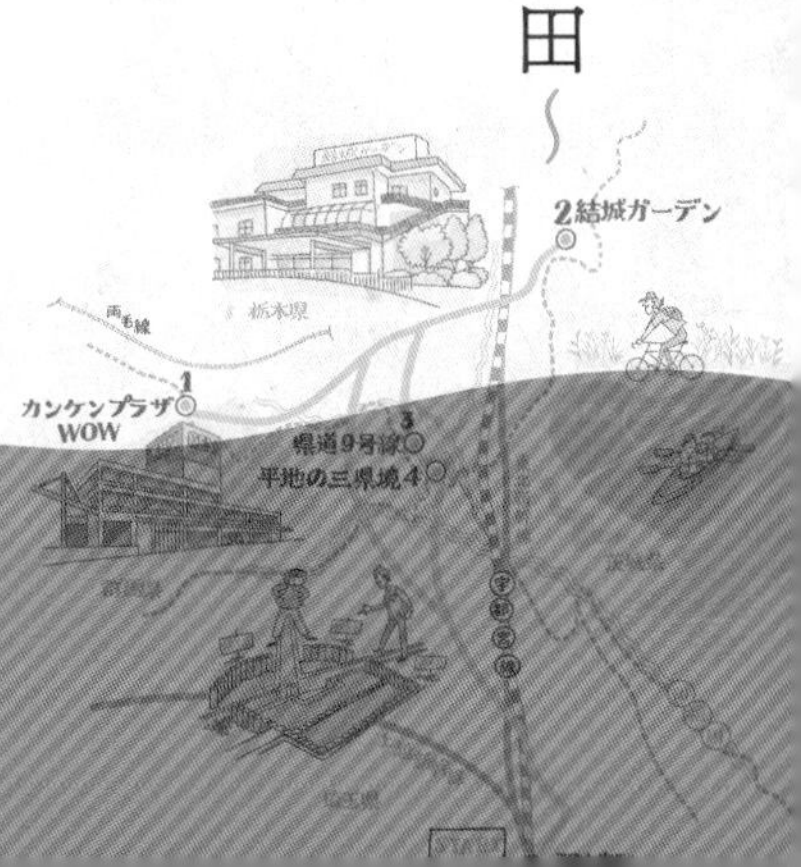
2結城ガーデン
両毛線
栃木県
1
カンケンプラザ
WOW
3
県道9号線
平地の三県境4

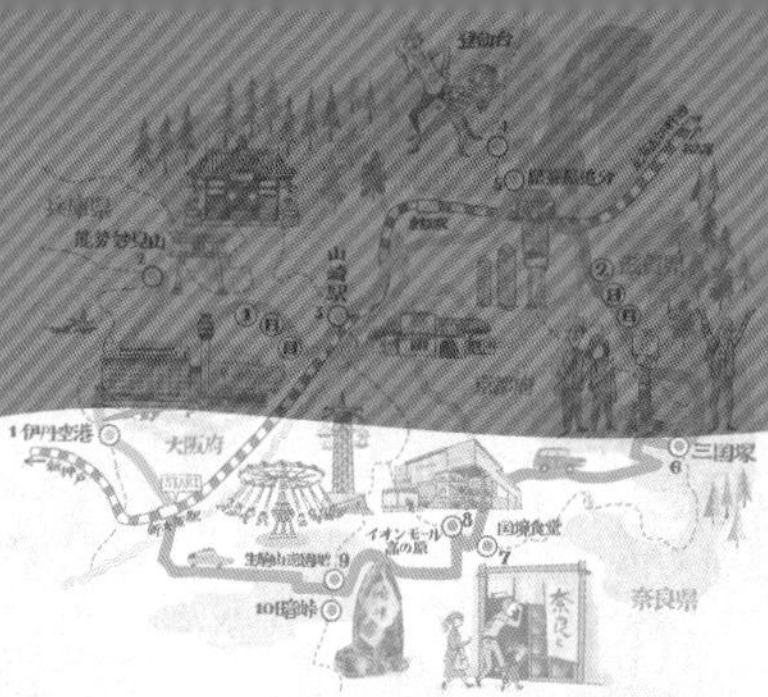
1 伊丹空港
大阪府
START
山崎駅
三国塚
6
イオンモール高の原
8
国境食堂
7
9
10暗峠
奈良県

CONTENTS

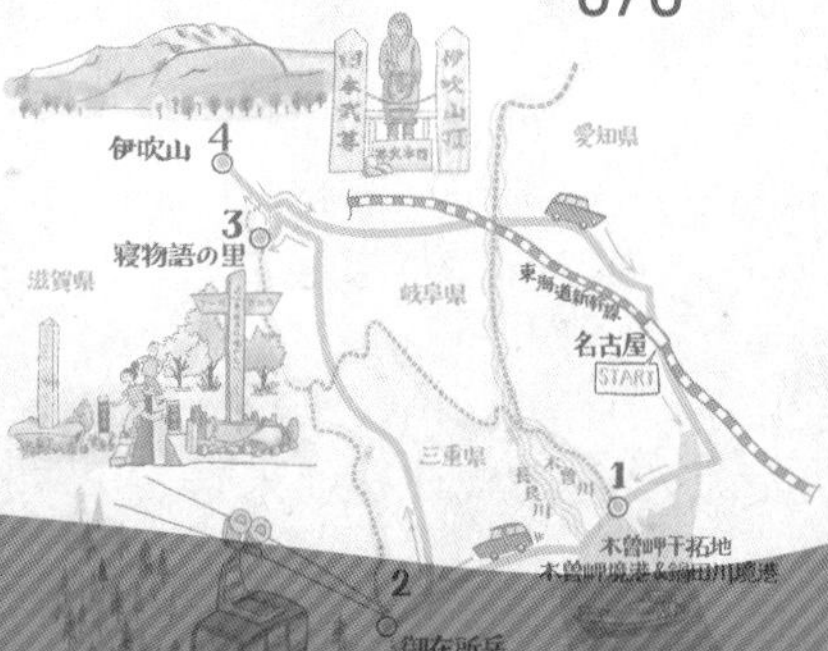
伊吹山
4
3
寝物語の里
滋賀県
岐阜県
愛知県
東海道新幹線
名古屋
START
三重県
長良川
木曽川
1
木曽岬干拓地
2
御在所岳

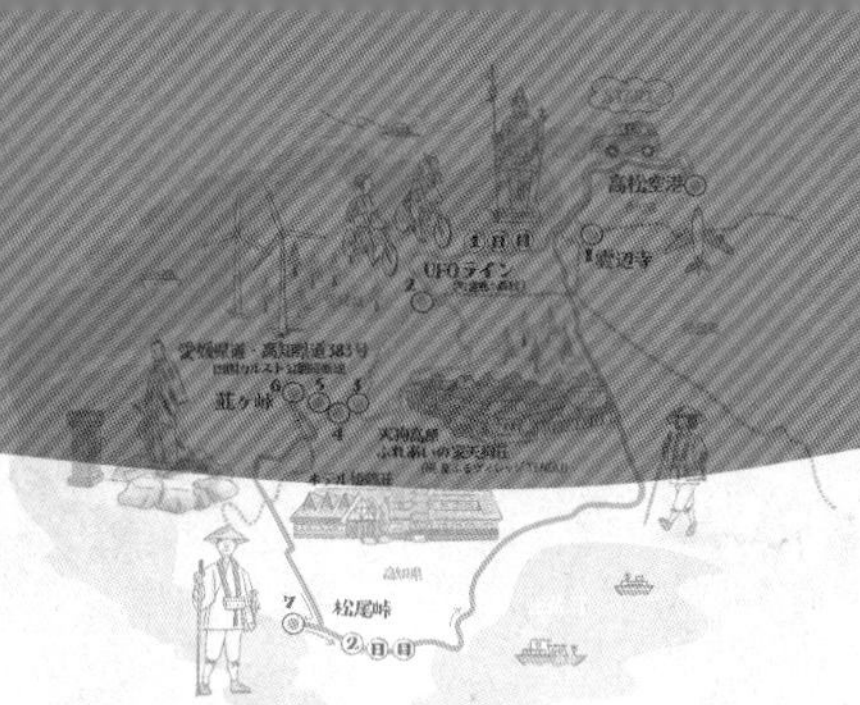
高松空港
1雲辺寺
UFOライン
松尾峠

START
博多駅
基山PA
大分県
背振山
4宝珠山駅
大分
日田彦山線
5 つえたて温泉ひぜんや
6 九重連山すそ野

巻頭特集

県境画廊

魅惑の「県境」の世界へようこそ。
ここでは、目には見えない県境をわかりやすく示した
筆者による絵を紹介する。

渋峠ホテル 58~60ページ

巻頭特集 県境画廊

元祖力餅 しげのや 56~57ページ

巻頭特集 県境画廊

イオンモール高の原 90~92ページ

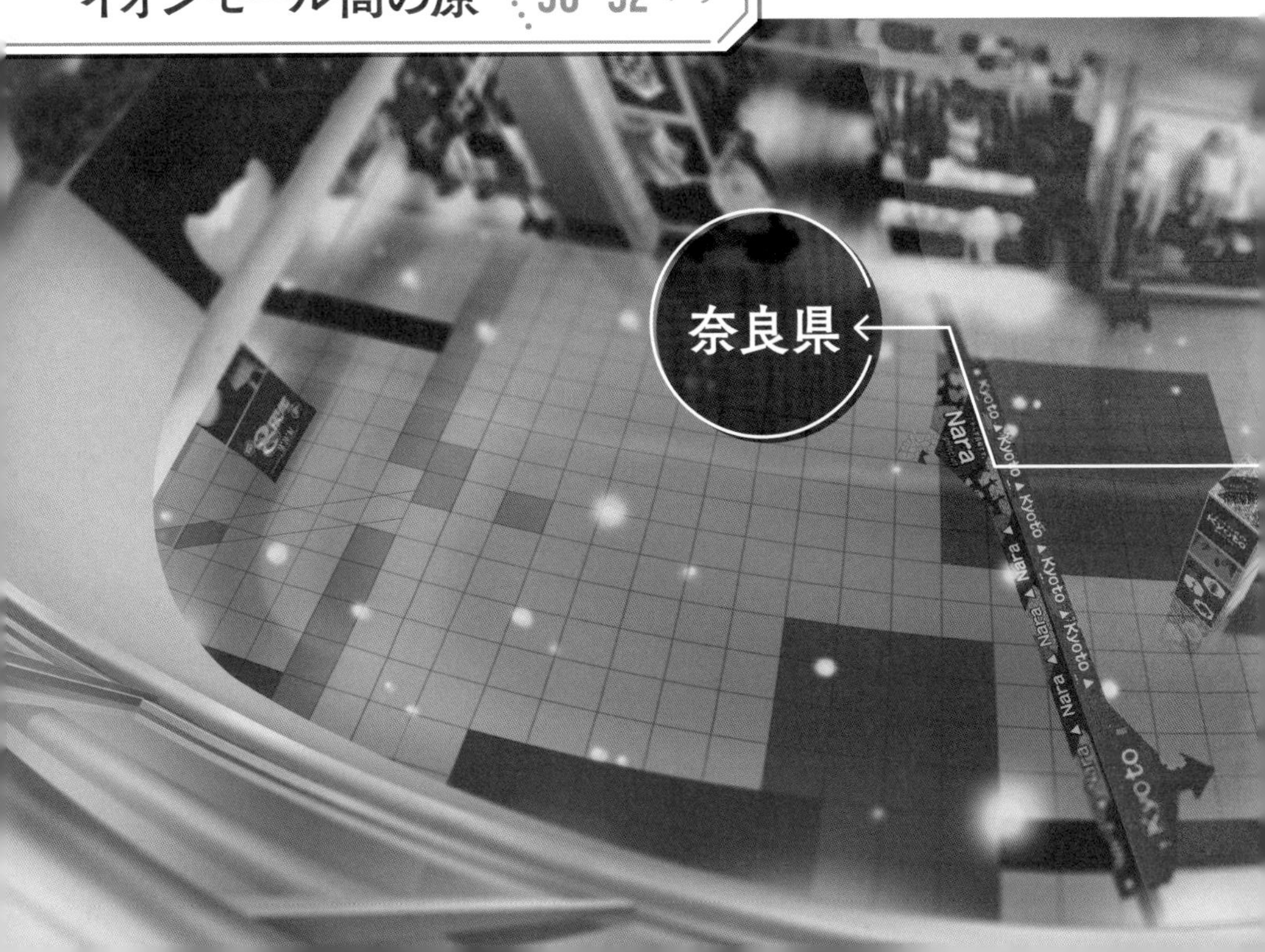

この本で紹介する 県境エリア

エリアごとにお勧めの県境スポットと、
「くるっと」回れるルートを紹介している。

Ⓐ 関東編 1

22~27ページ

* 西大泉町
* 西武池袋線 秋津駅
* 水元公園
* 河原番外地
* 舞浜

Ⓑ 関東編 2

28~37ページ

* ヨドバシカメラ マルチメディア町田
* よみうりランド
* 小田急小田原線（柿生－玉川学園駅間）
* ニューウェルシティ湯河原
* 芦ノ湖スカイライン（海ノ平）
* 三国峠／明神山（鉄砲木の頭）
* 国界
* 和田峠／陣馬山

Ⓒ 関東編 3

38~43ページ

* カンケンプラザWOW
* 結城ガーデン（※2022年6月現在 休業中）
* 県道9号佐野古河線
* 平地の三県境

Ⓓ 関東編 4

44~49ページ

* 境の明神
* 追分の明神
* 八溝山
* 境明神峠
* 鷲子山上神社

F 上信越編

54~63ページ

* 熊野皇大神社
* 熊野神社
* 元祖力餅 しげのや
* 毛無峠
* 渋峠ホテル
* 斑尾高原ホテル&モンエール斑尾
* 関川の関所跡
* 苗名滝
* 蛇渕の滝

E 関東編 5

50~53ページ

* 利根川流域の県境
* 深谷市の飛び地

Kanto & Joshinetsu

Hokuriku & Tokai

Ⓖ 北陸編

64~69ページ

* 越前加賀県境の館
* 能越自動車道 能越県境PA
* 倶利迦羅不動寺
* 飛越七橋
* 境川

Ⓗ 東海編 1

70~75ページ

* 木曽岬干拓地／木曽岬境港&鍋田川境港
* 御在所岳
* 寝物語の里
* 伊吹山

Ⓘ 東海編 2

76~79ページ

* JR東海 新所原駅
* JR東海 小和田駅

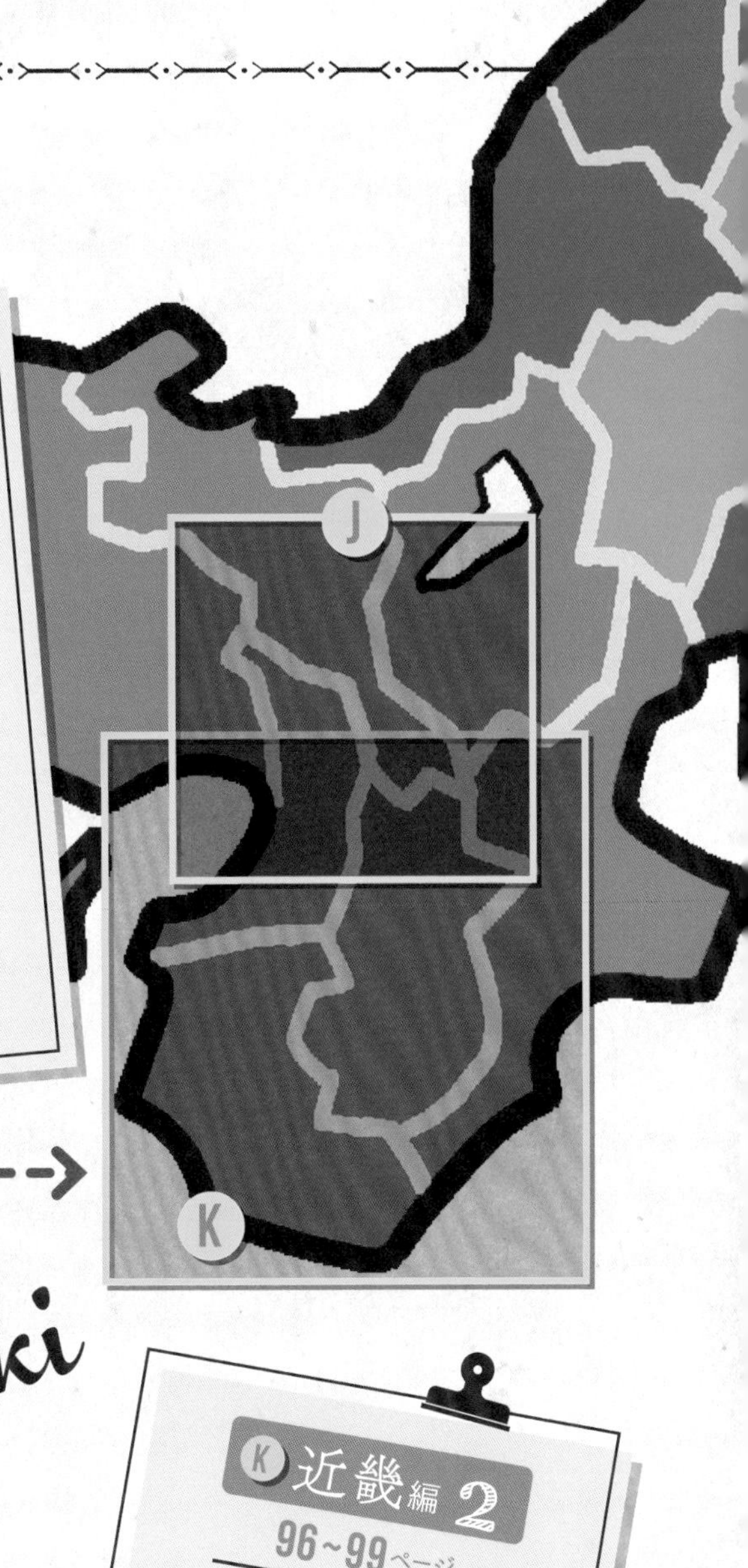

J 近畿編 1

80~95ページ

* 伊丹空港
* 能勢妙見山
* JR山崎駅
* 登仙台
* 髭茶屋追分
* 三国塚
* 国境食堂
* イオンモール高の原
* 生駒山上遊園地
* 暗峠

Kinki

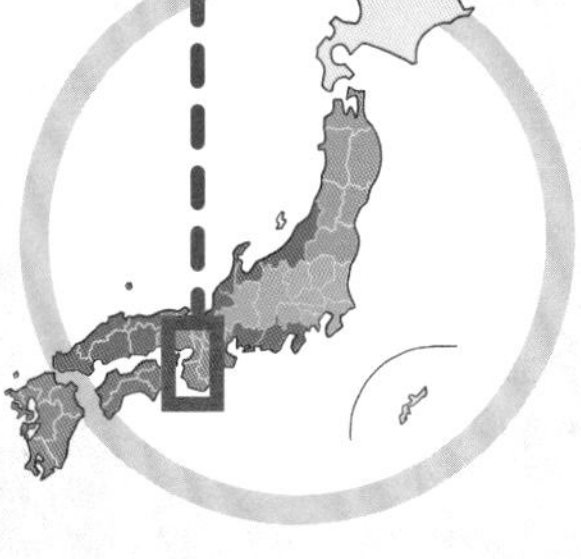

K 近畿編 2

96~99ページ

* 国道371号 高野龍神スカイライン
* 北山村

Ⓛ 中国編 1

100~103ページ

* 旧蒜山大山スカイライン 鬼女台展望休憩所
* 喫茶アイリス（※2021年 閉業）
* 江島大橋

Ⓜ 中国編 2

104~109ページ

* 広島県・岡山県 管轄境界標
* 西瀬戸自動車道 多々羅大橋
* 雲月山
* 羅漢山
* 弥栄ダム

Ⓝ 四国編

110~117ページ

* 雲辺寺
* UFOライン（町道 瓶ヶ森線）
* 高原ふれあいの家 天狗荘（現：星ふるヴィレッジTENGU）
* ホテル姫鶴荘
* 愛媛県道・高知県道383号 四国カルスト公園縦断線
* 韮ヶ峠
* 松尾峠

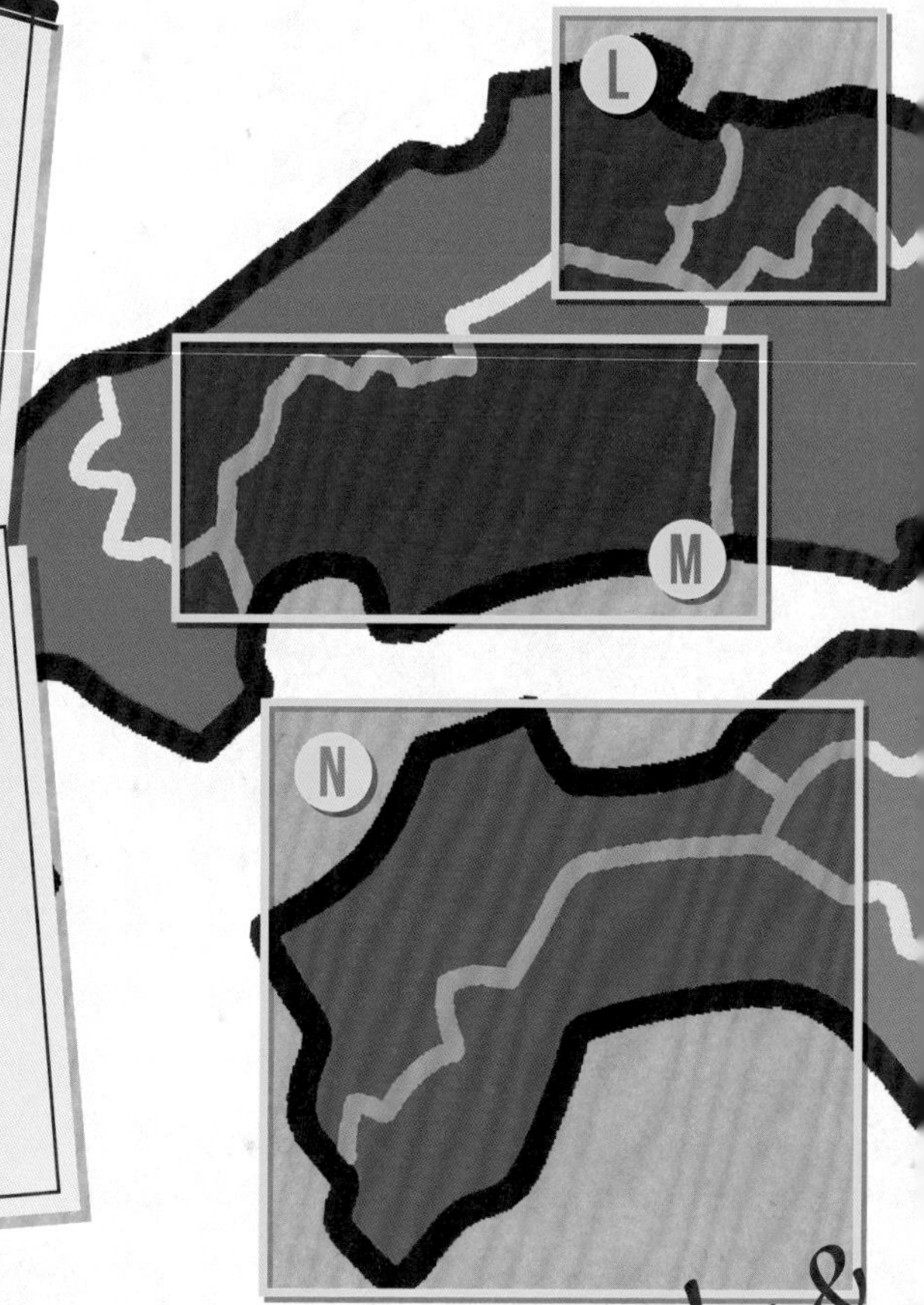

Chugoku & Shikoku

O 九州編

118～127ページ

* 脊振山
* 基山PA
* 筑紫野温泉アマンディ
* JR日田彦山線 宝珠山駅
* つえたて温泉 ひぜんや
* 九重連山すそ野
* 寧静ループ橋
* 荒尾市の飛び地

Kyushu

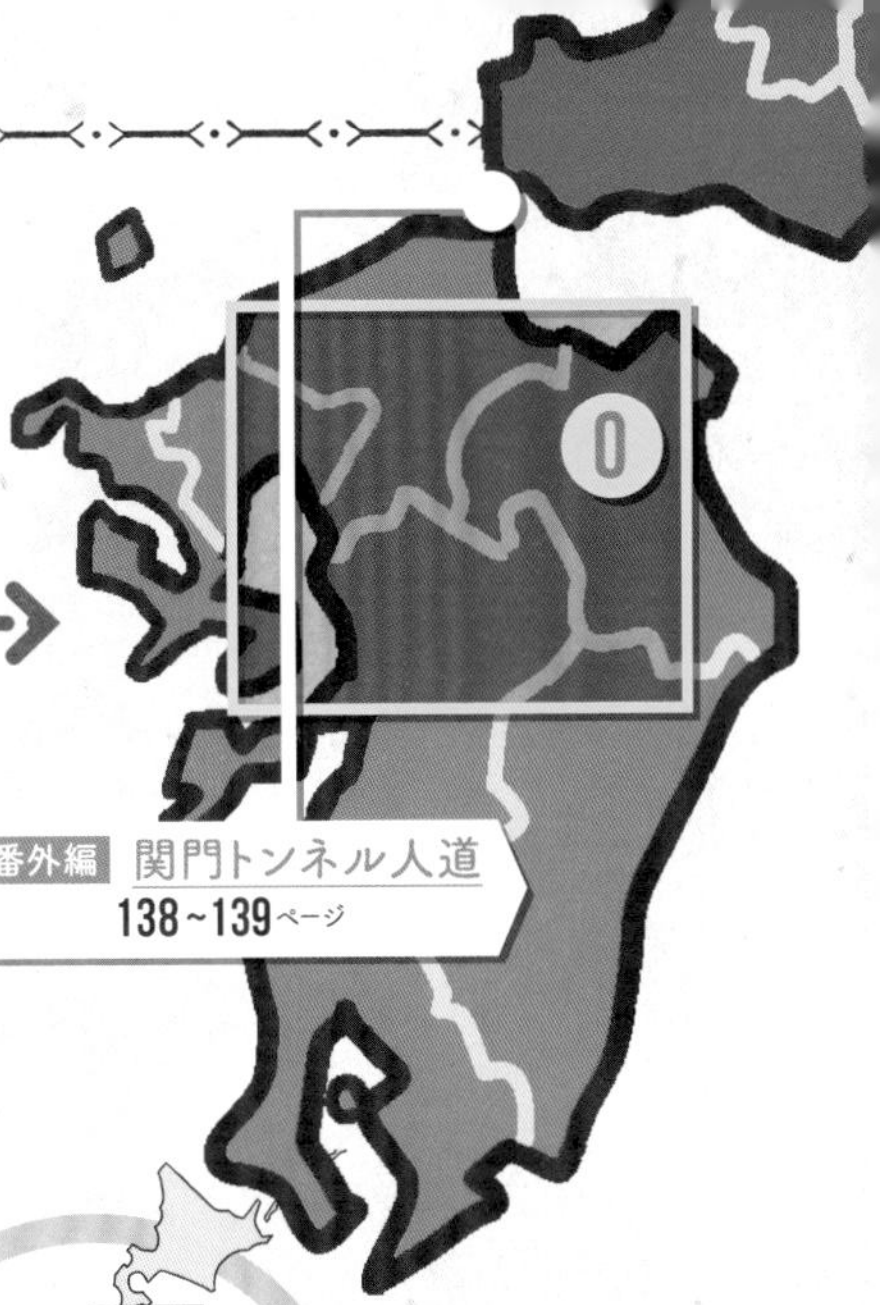

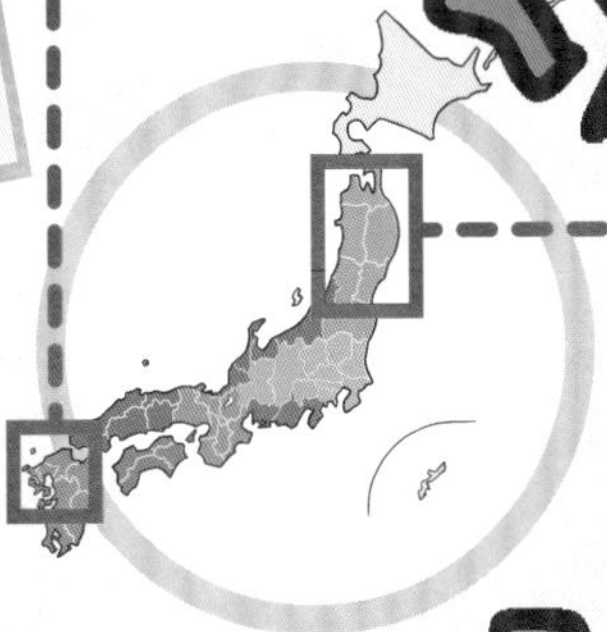

Tohoku

P 東北編

128～137ページ

* 蔵王連峰
* 笹谷峠
* 堺田駅
* クアハウス巣郷温泉
（※2021年 閉業）
* 八幡平
* 小舟渡海岸
* 十和田湖
* 鼠ヶ関

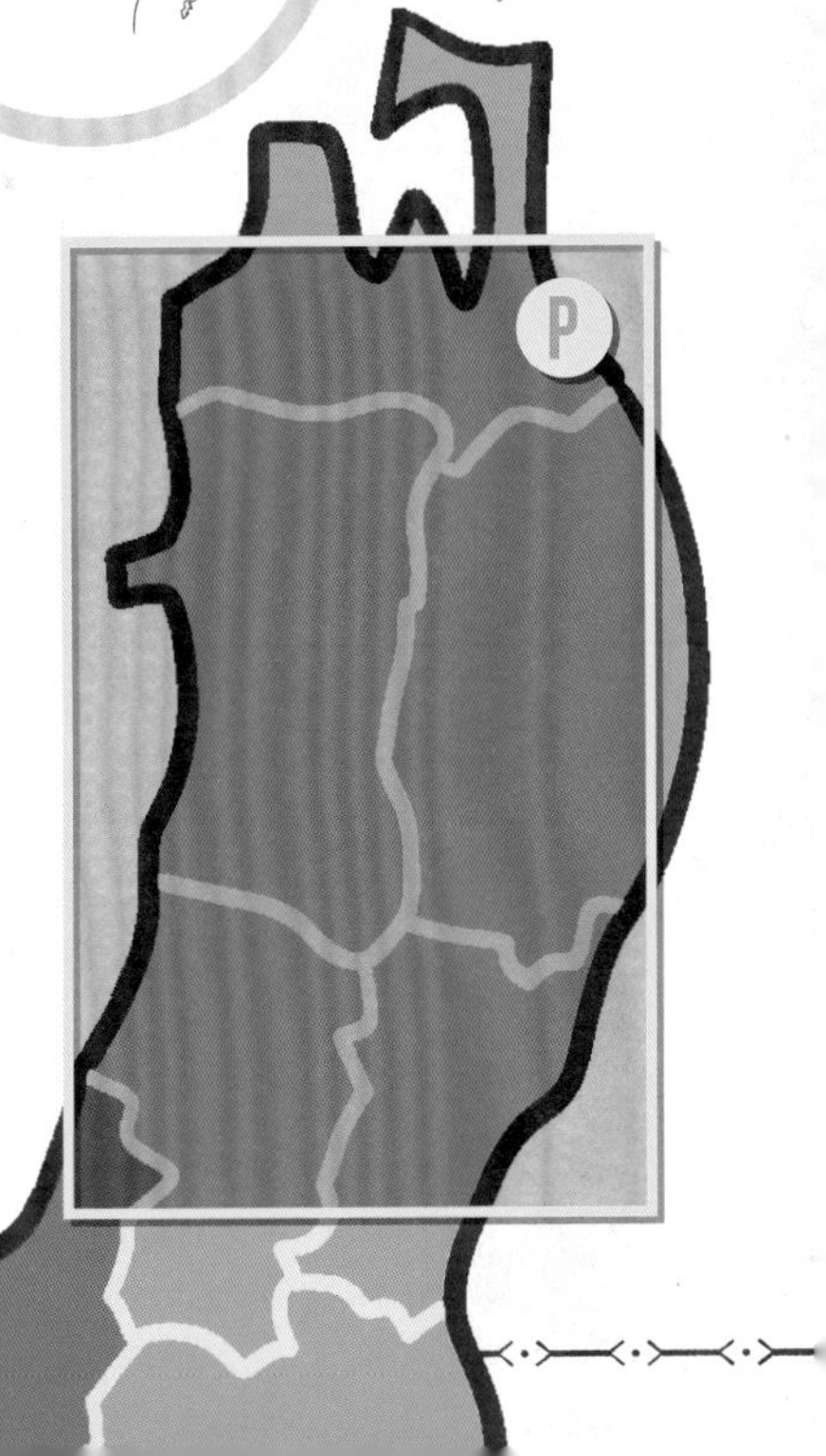

くるっと回ろう

県境ツアー

Prefectural Border Tours

筆者が実際に訪れた、おすすめの県境スポットを紹介する。
エリアごとに拠点となる駅から、日帰り、
あるいは２～３日で「くるっと」回るルートを考えた。
遠方から訪れる方の参考になれば幸いだ。

それでは、めくるめくツアーに出発するとしよう。

県境ツアー

関東編

1 西大泉町～舞浜

Nishioizumi-machi ~Maihama

「関東」という名称は、飛鳥時代あたりでは鈴鹿・不破・愛発《あらち》の三関から西の「関西」に対して東の方というザックリしたもので、「坂東」ともよばれていた。江戸時代以降の開発は著しく、首都である現在の発展ぶりは申しあげるまでもない。そのような東京の県境を、東京駅からレンタカーを借りて回ってみよう。

首都の境界を巡る旅

埼玉県に囲まれた東京都

TOUR SCHEDULE

西大泉町 ← 西武池袋線 秋津駅 ← 水元公園 ← 河原番外地 ← 舞浜

西大泉町

「県境」にはさまざまなタイプが存在する……と、いわれたら、皆さんはどのように思われるだろう。「県境にいろんなタイプ？ 県境って1種類じゃないの？」普通の感性をもった方ならそう考えるかもしれない。実際、行政としての県境の機能は、県境も府境も都県境もドコも同じだ。そういう意味では1種類しかないのだが、細かく観ていくと、実にさまざまな状態の県境があることに気がついてくる。

　そのなかでも一際異彩を放つのが「飛び地」の県境だ。飛び地とは、本体の自治体から切り離された場所にあり、周囲を違う自治体に囲まれた場所のことをいう。ちなみに離島は「飛び地」とはいわない。

　さて、図らずもそのような場所が県境探訪の1ヶ所目になるとは、案内側としても紹介しがいがある。その場所は埼玉県新座市にある。東京都の県境を巡る旅程なのに埼玉県の地名が出てくる時点で、すでに特殊な県境であることがくみ取れよう。西武池袋線保谷駅北口からコミュニティバスに乗り、武蔵野変電所の辺り（「変電所東」バス停）で下車、徒歩10分ほどで到着する。飛び地の面積は1859㎡。「西大泉町」という町名は、この場所だけのものだ。昔は畑もあったが、今は十数軒の民家が隙間なく建つ。周囲にも住宅が並び、一見しただけではなんの変哲もない住宅地だ。しかし県境の嗅覚を備える者には、道に置かれた消火器の区章や、ゴミ集積所の清掃事務所が練馬区の物であることにすぐ気がつくだろう。ここは埼玉県の中にある、れっきとした東京都なのだ。

　なぜ東京都の土地がこのような飛び地になっているのか。一説には、この辺りを開発した不動産会社が登記を間違えたともいわれているが、練馬区も新座市もはっきりとした理由は把握できていない。埼玉県に囲まれていても、この町の住所はもちろん東京都で、選挙区も練馬区。住民税も東京都だが、電話番号

西大泉町のメイン通り。一見すると普通の住宅街。

は東京03ではなく、新座市と同じ048の市外局番というのだからややこしい。しかし県境マニアからすると、このような特殊な土地はとても貴重で憧れの場所である。住まわれている方々は特にマニアということではないだろうから、もし訪問する時は配慮を求めたい。

県境であることを示す、練馬区（東京都）と新座市（埼玉県）の境界標。

駅の反対口は違う県?!

西武池袋線　秋津駅

先の「西大泉町」で、「県境」にはさまざまなタイプがあるという意味がお分かりいただけただろうか。「都府県の境」としての機能は同じでも、その場所、形態は千差万別。マニアからすると、それぞれに個性的で、同じものはどれ一つない所に魅力を感じる……前置きはこれくらいにしよう。次に紹介する県境は、あえて分類すると「駅構内を通る県境」といえるだろうか。全国には県境をまたぐ駅というのがいくつかあるのだが、この「西武池袋線秋津駅」はなかでも特に有名な駅である。県境が店内を通るコンビニと、県境を複数回またいでいく鉄道路線、さらに「三市境」のおまけつきなのだ。

現地の訪問は簡単だ。西大泉町からなら、最寄りの西武線保谷駅から電車で10分。駅に降りたら、そこが県境スポットだ。車なら駅北口に有料駐車場がある。

秋津駅北口に出ると、すぐ東側にコンビニがあるのが見えるだろう。その辺りで、所沢市が駅に鋭角に切り込んできている。「東京都で寝ている秋津駅に、上から埼玉県所沢市というナイフが突き刺さっているような形状」といったら想像できるだろうか。そのナイフは駅を貫通し、駅舎の南側の辺りで止まっている。そして、ナイフの切っ先の地点が都県境であり、東京都清瀬市と東村山市の市境でもあり、所沢市と合わせて「三市境」になるという訳だ。

駅北口は所沢市の〝ナイフ〟の中に完全に入っており、北口利用者は埼玉県側から改札を通って直接電車に乗る。北口から跨線橋を渡って南口改札へ抜けようとすれば、そこはもう東京都である。駅係員

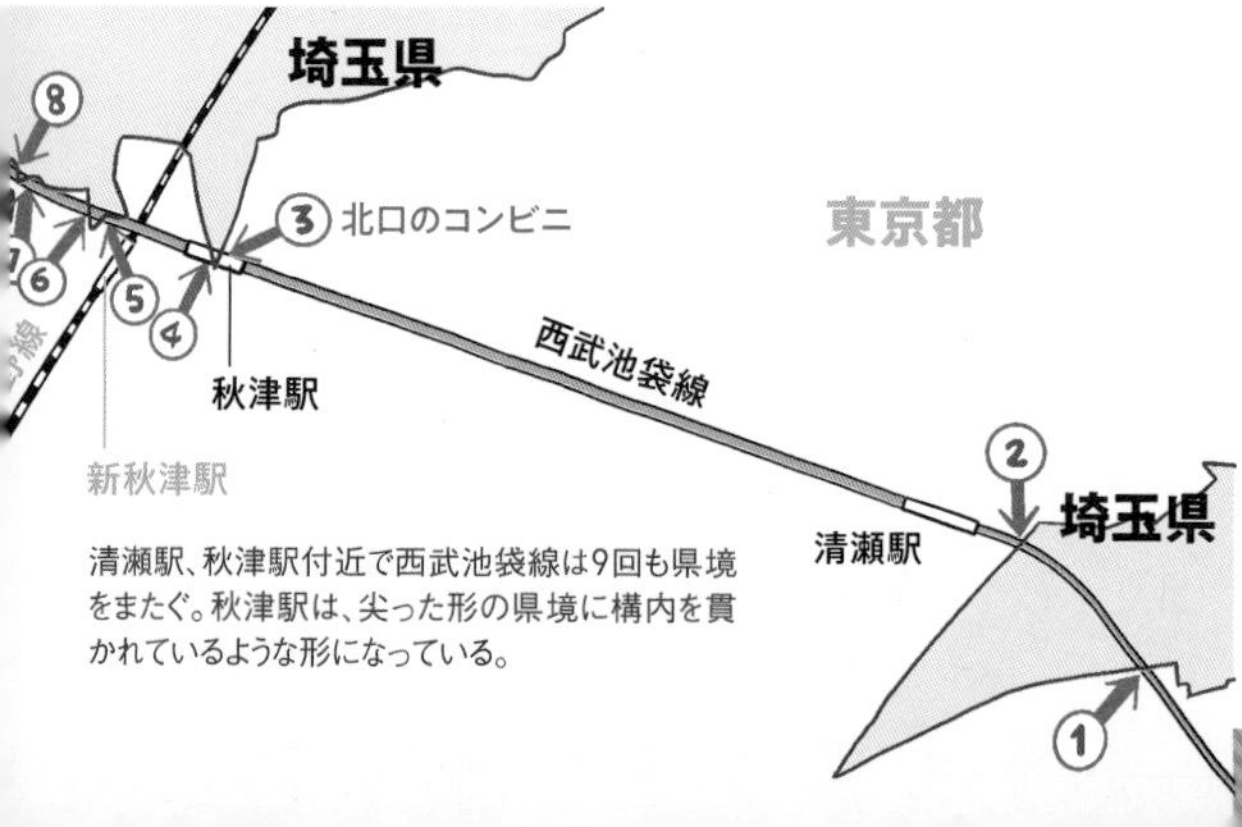

清瀬駅、秋津駅付近で西武池袋線は9回も県境をまたぐ。秋津駅は、尖った形の県境に構内を貫かれているような形になっている。

西武池袋線秋津駅とコンビニ。県境は駅舎右側から写真奥へ行き、鋭角に戻って左のコンビニの真ん中辺りを通る。

は業務中、何度も越境を繰り返すことになるだろう。なんとうらやましい。

「何度も越境」といえば、秋津駅を通る西武池袋線もそうだ。「東京都から埼玉県へ行く路線」というイメージが強いが、池袋ー所沢間で実に9ヶ所も東京都と埼玉県の県境が横切っている場所がある。この事実を知らずに、日に何度も東京都と埼玉県を往復している池袋線ユーザーは多い。

残念なことに、秋津駅も県境が通るコンビニも、県境をまたいでいることをアピールするつもりはないらしく、現地に行っても県境のラインが引かれたりしていない。もし行かれたら、道路にある境界標や鉄鋲を見つけ出してそれをたどり、境界線をイメージしていただきたい。想像力は県境マニアにとって大事な素養である。

駅南側にある下水のマンホール。左が清瀬市、右が東村山市のもの。この近さで、それぞれ管理者が違うことになる。

美しい公園の裏にあるドロドロ

水元公園

県境というと、ずっとその場にあってしっかりと決まったものというイメージをもたれるかもしれないが、物事には例外というものがある。国内には確定されていない県境がいくつもあり、東京都にもそういう場所が3ヶ所ある。次はそのような「境界未定地」というタイプの紹介になる。

東京都の北東の角、埼玉県と千葉県が接する場所にあるのが水元公園だ。敷地面積82万㎡、葛飾区最大かつ都内唯一の水郷公園で、休日ともなるとピクニックや釣りを楽しむ人々でにぎわう「日本の都市公園100選」に選ばれている名園だ。この公園最大の魅力が「小合溜《こあいだめ》」とよばれる溜池だが、元々は享保14年（1729年）に8代将軍徳川吉宗が、洪水から江戸の町を守るための灌漑と遊水地を兼ねて造成したのが始まりだという。その後、溜池周辺は明治百年事業で水元公園として整備され、それに続いて対岸の埼玉県三郷市も「みさと公園」というこれまたきれいな都市公園をつくった。

小合溜を挟んで二つの公園ができたわけだが、県境の整備まではされず、土地の価値が上がってきた頃に境界線の問題が表面化した。溜池を管理してきた葛飾区は池全域の領有を主張したが、三郷市側は「河川の中心線を境界とす

都内とは思えない自然と空間

水元公園の小合溜。対岸が「みさと公園」で、その間が境界未定地。

るのが通例なので、それにならうべき」と、お互いの意見が真っ向から対立することになった。その後も話し合いは続いたが合意には達せず、今日に至るも溜池の都県境は未定のままだ。両公園に架かる橋がないのは、境界未定の断絶を意味しているのだろうか……。

住所未定の河川敷！

河原番外地

　水元公園の小合溜は江戸川につながっている。江戸川が東京都と千葉県の境であることは周知の事実だ。江戸川の歴史については、利根川流域の県境巡り（⬇50ページ）の時に触れる。

　江戸川は、市川を過ぎた辺りで江戸川と旧江戸川の二手に分かれる。河口付近で川が分かれるのは珍しいことではないが、この川の片方は大正時代に人工的につくられた流路である。江戸川の氾濫を抑えようと河道の直線化が図られ、「江戸川放水路」が大正8年（1919年）に完成。昭和35年（1960年）には河川法が改正されて川幅の広い江戸川放水路の方が江戸川本流となり、それまでの江戸川は「旧江戸川」とよばれるようになった。これにより川としては収まりが良くなったが、ここでとても具合の悪い問題が起きる。川の流れが変更されたことで、分流点にある中洲の辺りの県境が曖昧になってしまったのだ。東京都江戸川区としては、あくまでも河川の中心線（中州とつながった河原）が都県境であると主張したが、千葉県市川市はそれまでの境界（旧江戸川の中心線）が県境であるとした。話し合いが続いたが決着はつかず、中洲の一部はどの自治体のものでもない宙ぶらりんの状態となり、したがって住所も割り振ることができずに

河原番外地を望む。右に見える河川が人工的に掘られた江戸川放水路。

「河原番外地」とよばれて今に至っている。

　そんなドロドロとした経緯のある土地ではあるが、河原のグラウンドでは週末に草野球が行われ、川の分流点では釣り人が釣り糸を垂らすのどかな風景が見られる。また、両自治体もあえて境界問題をこじらせず、共同で防災訓練や花火大会を催すなど、交流の場所として平和的に利用しているという。

江戸川の分流点。写真右が江戸川(江戸川放水路)へ、左は旧江戸川へ流れる。

夢の国と都民憩いの公園の狭間にあるリアル

舞浜

「河原番外地」から旧江戸川をさらに下ると、千葉県浦安市舞浜にたどり着く。舞浜といえば、日本で最も有名で人気のテーマパーク「東京ディズニーランド」などがある場所だ。その西には都内唯一、海に親しめる都立公園「葛西臨海公園」と、人工干潟である「葛西海浜公園」がある。

　公園とテーマパーク。広い敷地を持つどちらも、その全てが人工的な埋め立て地である。この二つは旧江戸川を挟んで位置し、都民の憩いと夢の提供に余念がないが、その裏には現実感のある問題が横たわっている。それはここが東京の境界未定地の3ヶ所目だからだ。そういえば、3ヶ所全てが江戸川絡みというのが何か因縁めいたものを感じる。坂東太郎（利根川の別名）を無理やり東遷させた呪いだろうか（大げさ）。

　なぜこの旧江戸川河口に境界未定地があるのかというと、そもそもここは海だったからだ。通常、海上に境界線は設定されない。そう、海上なら問題はなかった。現にすぐ上流に架かっている「舞浜大橋」までは都県境が決められている。ではその下流はというと、半世紀前は陸地はなく、その後の埋め立てにより河口両岸の海岸線が変わり、河道が延長されて川になった形だ。「河原番外地」が地面を削った結果の境界未定地なら、こちらは地面を盛った結果できた境界未定地ということになる。

　現在は特に何があるというわけでもないので問題は起きていないが、この先の湾内の事情によっては境界を確定した方が良いかもしれない。夢の国の目の前で起きているリアルな問題。魔法でなんとかならないものだろうか。

葛西臨海公園側の護岸にあったプレート。「葛西沖旧江戸川防潮堤建設工事」とある。

旧江戸川河口。写真奥が"夢の国"。左の舞浜大橋までは都県境が設定されているが、ここは決まっていない。

県境ツアー
関東編
2
ヨドバシカメラマルチメディア町田〜和田峠／陣馬山
Yodobashi Camera Multimedia Machida Store~Wada-toge/Mt.jinba

東京がかつて東京府とよばれていた頃は、今の都心部ほどの狭いエリアであった。それが品川や小菅、伊豆七島などが編入され徐々に拡大。明治26年（1893年）に三つの多摩地域が編入されると面積は3倍に急成長し、ほぼ現在の大きさとなった。ここでは東京から鉄道を利用し、その後レンタカーで回れるスポットを紹介する。

関東西部の境界を巡る

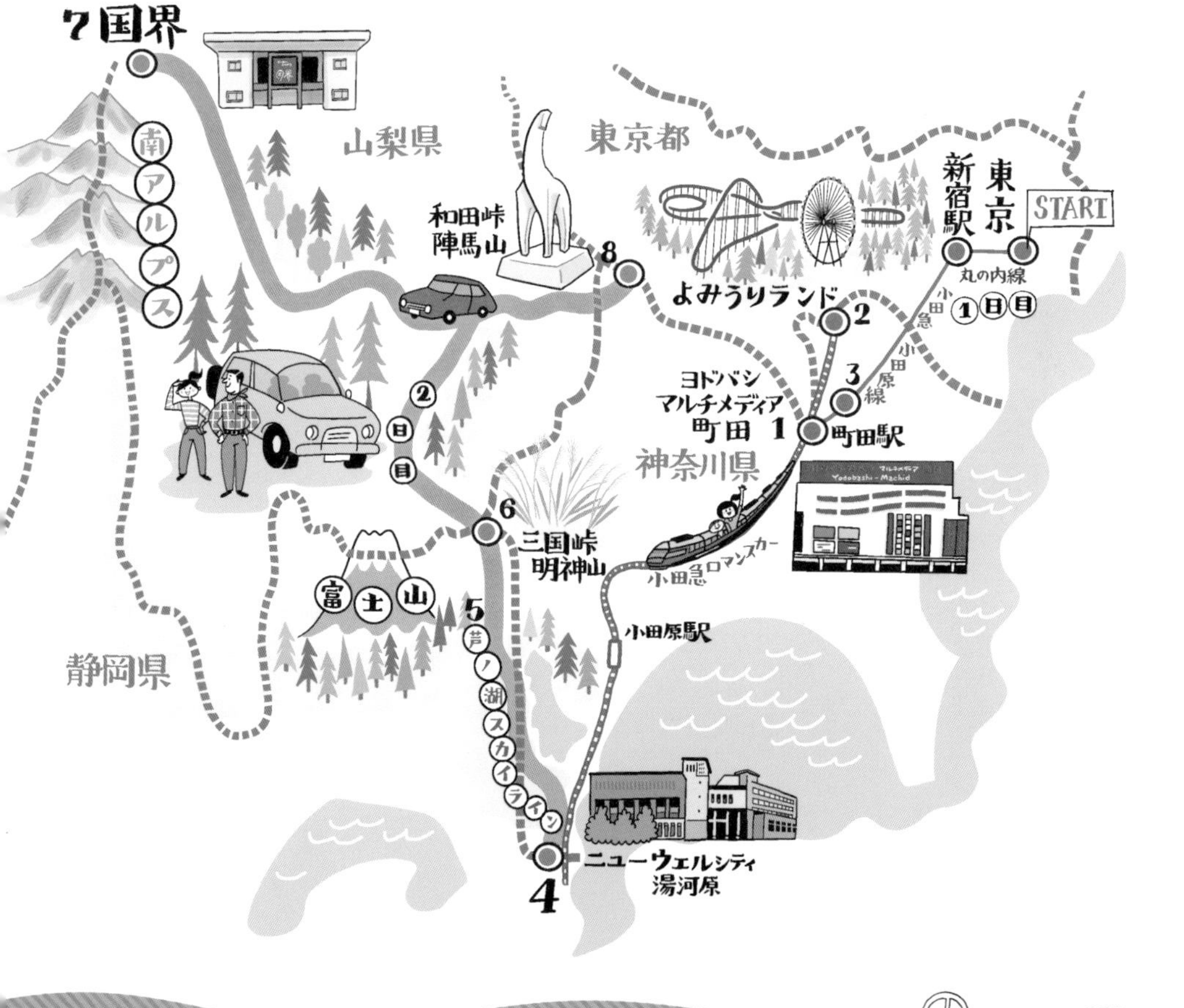

TOUR SCHEDULE

1日目
ヨドバシカメラ マルチメディア町田
← よみうりランド
← 小田急小田原線（柿生－玉川学園駅間）
← ニューウェルシティ湯河原

2日目
芦ノ湖スカイライン（海ノ平）
← 三国峠／明神山（鉄砲木の頭）
← 国界
← 和田峠／陣馬山

1日目
FIRST DAY

河道の改修で県境トラブル

ヨドバシカメラ マルチメディア町田

家電量販店にはロマンがある。電化製品、AV機器、ゲームやホビーなど、未知の商品との出会いは、いくつになってもワクワクする。そんなワンダーランドに県境が絡むとなれば、ワクワクを通り越し興奮で心臓バクバクである。

JR町田駅前にある「ヨドバシカメラ マルチメディア町田」が、そのバクバクもののスポットとなっている。店内の一部に県境が通っているのだ。しかし残念ながら県境の境界線も、境界標識もない。そうとなれば自力で手がかりを探してこその県境ハンターだ。探してみると、店舗前の駅入り口との間に境界標石があったり、県境に沿って縁石が敷かれていたり、同じ歩道でタイルの柄が急に変わったりと、県境を匂わす手がかりが結構あることに気がつく。

ちなみにすぐ横に建つJR町田駅も、駅舎の中を県境が通る珍しい場所だ。エスカレーター横の柱に注意を促す貼り紙があるのだが、「禁煙」は東京都町田市、「手すりに捕まって云々」の注意書きは神奈川県相模原市と、同じ場所に二つの自治体の名前が書かれている。

また、ほぼ同じ場所にある両市の「自転車等放置禁止区域」の看板もご覧いただきたい。駐輪禁止のエリアが赤く塗られた地図があるのだが、それも町田駅前で不自然な形に途切れていたりする。駅前の道路を県境が横切っているためだ。

写真右の宝くじ売り場の前辺りに都県境が通る。

同じ場所に、違う自治体の名前の貼り紙が。

なぜこのように街の中を県境がうねっているのか。それは駅のすぐそばを流れる「境川」の河川改修工事が関係する。元々は蛇行していた川に沿って県境が設定されていたが、工事によって川が直線的な流れに変わった。しかし県境は変更がなされず、そのままとなった。その結果、町田市と相模原市の間には、俗にいう「河川飛び地」が数十ヶ所も発生することになり、今も両市と地権者により、解消のための協議と手続きが少しずつだが進んでいるという。

もう一つの東京都の飛び地

よみうりランド

東京都の飛び地といえば、一つ前の旅程で紹介した「西大泉町」（⬇23ページ）が有名だが、実はまだもう一つ存在する。それは、よみうりランドにある。大規模な遊園地として、またはプロ野球の読売巨人軍やJリーグ東京ヴェルディの練習場があることで知られている。よみうりランドは、施設の大半は神奈川県川崎市にあるが、その一部が東京都稲城市の飛び地となっている。現地へは、町田のヨドバシカメラからなら、小田急線町田駅から各駅に乗り、読売ランド前駅へ。そこからよみうりランドへ行くバスでアクセスできる。所要時間は40分ほどだ。

ゴンドラから見た飛び地（2017年6月10日撮影）。現在は立体駐車場がある。

筆者が訪れた当時は未舗装の臨時駐車場であったが、近年きれいに舗装され、立派な立体駐車場が建った。その中に「矢野口飛び地」とよばれる飛び地が存在している。３００坪ほどの決して広くはない土地が、本体の東京都から20mほど離れた場所にあるのはなぜなのだろうか。土地の歴史を調べてみると、稲城市は明治時代までは神奈川県南多摩郡に属していた。しか

飛び地上空を通るゴンドラ。

し明治26年（1893年）に北多摩、南多摩、西多摩の3多摩が東京府へ移管されるようになると、稲城に属していたこの土地も東京の一部となり、その結果、残った周りの神奈川県から浮いてしまったと思われる。

　蛇足になるが、この飛び地の上空にはよみうりランドのゴンドラが通っている。余裕があればゴンドラに乗って、県境をまたぐ空中散歩と洒落込むのも良いだろう。

小田急小田原線（柿生－玉川学園駅間）

　よみうりランドから、バスで読売ランド前駅へ戻れば小田急線に乗れる。東京都の新宿と神奈川県の小田原を結ぶ鉄道路線といえば、JRの湘南新宿ラインを挙げる方もいるだろうが、筆者はこの「小田急電鉄小田原線」をまず連想する。1927年に開業し、町田や厚木などのベッドタウンを擁し、通勤路線として欠かせない鉄道である。

知らないうちに都県境を行ったり来たり

　その小田急線が結ぶ東京都と神奈川県の間には、「多摩川」という都県境となる河川がある。県境の存在に鈍感でいると、「小田急線は新宿を出て多摩川を渡って神奈川へ行く」とシンプルに捉えている方がいらっしゃるかも知れないが、実際はそんな単純なものではない。小田急線は新宿から途中駅の相模大野へ至る間に、実に9回も都県境をまたぐのだ。逆の上り方向だとその回数は11回に増える。上りでまたぐ回数が増えるのは、上り線側だけに県境が通っているためである。

　県境をまたぐ場所のほとんどは、鶴川駅周辺に分布している。なぜこの辺りの都県境はこれほど複雑になっているのだろうか。よみうりランドの項でも触れたが、鶴川駅の周囲（東京都町田市三輪町）は南多摩郡に属し、明治までは神奈川県だった。それが当時の東京府へ移管され、南多摩郡鶴川村大字三輪となったが、村の三方を神奈川県に囲まれることになったため、住民は神奈川県への帰属を希望した。しかしその陳情は受け入れられず、飛び地に近い形で東京として残った。

　ちなみに、鶴川駅の西側に隣接する神奈川県川崎市麻生区もまた複雑で、本体の麻生区と

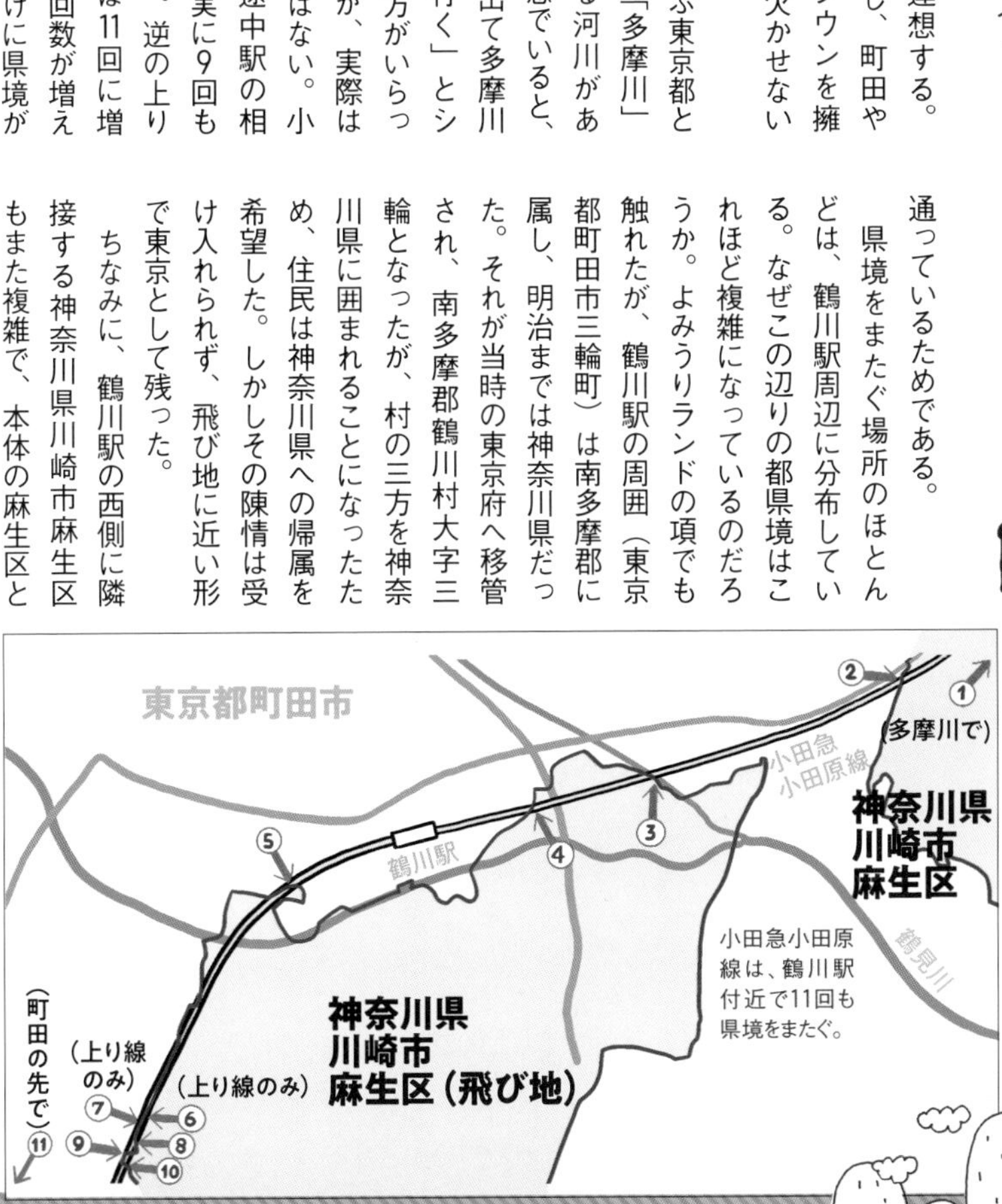

沿線には、境界標が設置されていたりすることも。

町田市金井ヶ丘の道路上から撮影した写真。都県境と線路は、このあたりで特に交錯する。色分けはイメージ。

はつながっていない飛び地である。こちらの住民にとっては三方を東京に囲まれており、最寄り駅の鶴川駅も東京都にある。新型コロナウイルスの感染拡大で県境をまたぐ移動が自粛された時期には、さぞ利用しにくかったであろう。三輪地区とは逆に、こちらの住民は東京に属したくなっているかもしれない。

さて、鶴川駅周辺の県境事情には、さらに駅南側の鶴見川の治水工事も絡んでいる。工事により河道が直線化されたものの県境はそのままという、町田のヨドバシカメラの項でも紹介した例と同じ現象が起きており、都県境はますます複雑化した。

小田急線を使って何げなく通勤や通学をしているうちに、往復で20回も県境をまたいでいることを、どれだけの利用者が知っているだろうか。県境マニアとしてはうらやましい限りだ。

ほぼ神奈川県の熱海市

ニューウェルシティ 湯河原

小田急小田原線の終点「小田原駅」からさらに南下すると、伊豆半島の入口にある「湯河原」に着く。箱根に負けぬ温泉地で、その名前は万葉集の歌から来ているというほど歴史がある。

この湯河原に「湯河原温泉」と「伊豆湯河原温泉」という二つの温泉郷があることはご存知だろうか。湯元は同じなのに二つの温泉郷の名前があるのはもちろん事情がある。湯河原の温泉街は、神奈川県と静岡県にまたがって存在するのだ。湯河原の町を流れる「千歳川」が県境となっていて、川の北側が神奈川県湯河原町、南側が静岡県熱海市だ。湯河原に熱海があるというのも面白いが、実際に住んでいる人達にとっては面白いだけでは済まない。そもそもこの千歳川南側の熱海市泉地区は、歴史的な経緯からみると湯河原町と同じ相模国に属していた。明治4年（1871年）の廃藩置県でも「小田原県（直後に足柄県となる）」として同じ県であったのが、同9年（1876年）に「神奈川県」と「静岡県」に分かれる。それでも当初は湯河原と同じ所轄であったが、明治12年（1879年）に千歳川が県境として確定し、湯河原町と熱海市泉地区は分かれることとなった。県が違えば学区も選挙区もインフラも変わる。住民たちにとってはたまらなかっただろう。

千歳川で唯一、橋の上に県境のラインを引いているホテル「ニューウェルシティ湯河原」の方に伺うと、昔、泉地区の児童は越境通学するために湯河原側の知人や友人宅に居候しているという体裁をとり、湯河原町の小中学校に通っていたそうだ。熱海市の市街は山を越えたはるか向こうにあるので、この地区の生活圏は実質湯河原町といってもさしつかえない。実際、湯河原の二つの温泉組合は仲も良く、住民は県境を意識していないらしい。

境界線は、ホテル側が道路管理者に許可を得て引いたもの。

欄干に書かれた県名と千歳川。静岡県側は、正確には伊豆国では?

2日目
SECOND DAY

県境を幾度も通る有料道路と県境上の尾根道

芦ノ湖スカイライン（海ノ平）

「〜箱根の山は天下の嶮」と、滝廉太郎の『箱根八里』で唄われている箱根は、改めて説明の必要もない超有名景勝地であり温泉地。そのような場所を今さらなぜ本書で取り上げるのかといえば、そこに県境があるからである。箱根は複合火山であり、二重にできたカルデラの最外縁の外輪山が神奈川県と静岡県の県境となっている。その外輪山を縫うように走るのが有料道路「芦ノ湖スカイライン」だ。道路の、特に南側に県境をまたぐ地点が多く、音声案内機能のあるカーナビで道路を通ると、筆者は県境をまたぐ案内を4回聞くことができた。地図で詳しく見てみると、実際の越境はもっと多く、南側の道路で9回、全体では12回県をまたいでいる。西には富士山から駿河湾、東は芦ノ湖と駒ヶ岳と眺望もあり、県境探訪ついでのドライブにも絶好のルー

富士山と山中湖を望める県境

海ノ平。周りの開けた部分が県境。

有料道路は、天気が良ければ富士山も望める絶好のドライブルートだ。

トだ。

お楽しみはまだある。有料道路の料金所脇にある駐車場から外輪山の尾根に出られるのだが、その尾根道が県境になっている。それだけなら何でもないが、尾根道の左右が幅10mほど伐採されて、それがずっと続いている。「モーゼの海割り」ならぬ、「県境の山割り」だ。草地の広々とした道を県境に沿って歩けるのは最高に気持ちが良い。なぜこのような伐採された広い道があるのかといえば、山火事の延焼を防ぐ「防火帯」の役目があるからだろう。火の回りを防ぐだけでなく、こうすれば、もし火事が起きてもどちらの県の山が燃えているのか一目にして分かる。

「海ノ平」という峰に立つと、残念ながら東西の眺めは背の高い笹やぶに阻まれているが、道がのびている方向への視界は良く、地図でしか見られない県境の境界線をイメージできて楽しめる場所だ。

三国峠／明神山（鉄砲木の頭）

この国にはいくつもの「三国」という地名がある。この場合の「国」とはもちろん旧国のことだ。昔は行政区分として機能していたが、今は当時の面影を伝えるフレーバーテキスト程度の名残しかない。「三国」とつく山は、文化圏を分かつ境なのでそれなりに高い山の場合もあるが、そうでもない低山の場合もある。ここで紹介する「三国山」は、どちらかというと後者の部類に入る。

山の下の三国峠に整備された駐車場があるので、そこに車を停めて山に入る準備ができる。

三国山山頂にある三県境の境界石。「駿河国駿東郡北郷村宇北山」と彫られている。

低山とはいえ山なので、それなりに底の厚い運動靴が望ましい。さらに帽子、夏場でも薄手の長袖、軍手もあればなお良い。

明神山からの景色。富士山と山中湖が一望できる。

駐車場から県道を山梨方向へ進むと、すぐに三国山へ取りつくルートの案内板が見える。そこから山へ入ろう。

道中は、頭を赤く塗られた境界標石をいくつも目にすることができてテンションが上がる。しかし、気持ちとは裏腹に身体の方は悲鳴をあげる。筆者の日頃の運動不足がたたった。山に慣れた方や若い学生の皆さんならなんてことのない、緩やかな斜面の山道なのでご心配なく。

20分ほどで頂上に着く。山頂では、三県境を示す旧国名の入った境界標石を目にすることができる。眺望は、残念ながら立木が多く、葉の落ちた時期ならかろうじて富士山の輪郭が分かる程度でさほど良くはない。

眺めの方は、県道を挟んだ反対側の明神山に期待しよう。こちらは山梨県側が一面ススキの野原で、開けた景色が望める。特に山頂からの眺めは抜群に素晴らしく、晴れた日には目の前の富士山とその下の山中湖が同時に見られる大パノラマだ。写真撮影を目的に訪れる人も多い。こちらは眺めが良いかわりに県境を示すものは見当たらない。

国界

県境をはじめとした境界線マニアは、「境」という文字に目がない。境だけでなく、「堺」や「界」も好物だ。なので、そのたぐいの漢字が入った場所へ

県境の川べりに建つ、大人気ドライブイン

無意識にひかれ、訪れてしまう。

この後もそういった場所を紹介するが、まず取り上げるのは長野県と山梨県の県境近くに建つドライブイン「国界」だ。

山梨県から国道20号を長野県方面へ進むと、釜無川という県境の川を、「国界橋」という名前の橋で渡る。そこから300mほど長野県に入った所に目指す店舗はあった。

お店の全景。赤い看板が目印。

店内に入ると吹き抜けのメインホール中央に大きな円卓、その周りを4人掛けのテーブルが囲み、奥は小上がりになっている。昼時は満席になる盛況ぶりだ。特にラーメンが人気で、来店する多くの人が頼むという。筆者も「チャーシュー麺（大盛）」を頼んでみた。混雑しているが配膳は早く、そう待たずにラーメンが来た。醤油ベースであっさりしているものの、しっかりとコクを感じられる。麺もスープに似て優しく柔らかだがグダってはいない。チャーシューも箸で切れるほど柔らかくジューシー……ここまで書けばお分かりだろう。そう、美味い！　リピーターが多いのも、満席になるのもうなずける。店員さんの接客も気持ちよく、てきぱきとして好感が持てる。これは良い店だ。気になっていた店名の由来をお店の方に伺うと、やはり県境が間近にあることからつけられた名前らしい。

唯一、こちらのお店で難点なのが駐車スペースだ。15台ほどのスペースしかない所に、訪れる人のほぼ全てが車で来る立地の関係上、昼時などは常に満車となる。訪れるなら開店直後か昼時をはずした午後が良いかもしれない。

チャーシュー麺大盛（2021年3月27日撮影）。

和田峠／陣馬山

峠ある所に県境あり。そして峠には茶屋が付きものだ。山道を登りきったら一息つきたいと思うのは、昔も今も変わらぬ人情である。

峠の茶屋の方にお話を伺ってみた。この和田峠を通る道は「陣馬街道」とよばれ、昔は甲州街道の裏街道として機能し、甲府でつくられた絹織物などを馬で運んでいたという。当時は峠近くに関所もあったというから、それなりに人の行き来があったようだ。急な勾配《こうばい》が続く山深い地形で、山賊も出たらしい。今は国道20号線と中央自動車道があるので、この峠道をわざわざ選んで来るのは、ハイカーや自転車乗り、そして境界に飢えた県境マニアくらいだろう。ちなみに茶屋の建物ぎりぎりを都県境が通っていて、その境は黄色

和田峠の茶屋。写真手前の黄色いポールと道路の目地が都県境。

甲州街道の裏街道と甲斐武田氏の陣地となった山

のポールと舗装の境目で知ることができる。その県境をたどって行くと、境界線は茶屋の横にある木製の階段に沿っているとわかる。階段は「陣馬山」への登頂ルートだ。都県境を感じながら登れば、20分ほどで山頂に至る。山頂は広く、芝で覆われた広場やトイレ、茶屋も3軒ほどあり、360度の眺望が得られることもあって、近くの高尾山には及ばないが、かなりの数の登山者でにぎわう。山頂には京王電鉄が建てた白い馬の像があって、記念写真を撮るのに丁度良いモニュメントになっている。しかし県境マニア的には、その足元にある東京都の境界標の方にどうしても目が行く。以前は都県境と書かれた標識もあったらしいが、今は跡形もなく残念無念だ。

陣馬山の山頂にある白馬のモニュメント。足元に東京都の境界標が埋まっている。

県境ツアー
関東編

3 カンケンプラザWOW〜平地の三県境

Kanken Plaza WOW/
The border of 3 prefectures on flat land

北関東3県は、全国的に地味な存在だ。2021年の民間調査会社による「都道府県魅力度ランキング」によると、栃木県41位、群馬県44位、茨城県は最下位の47位といずれも低迷している。しかし、県境の魅力ではけして他県に引けを取るものではない。ここで紹介する県境を大宮から車で巡り、北関東の魅力に気づいていただきたい。

北関東のレア県境スポットその1

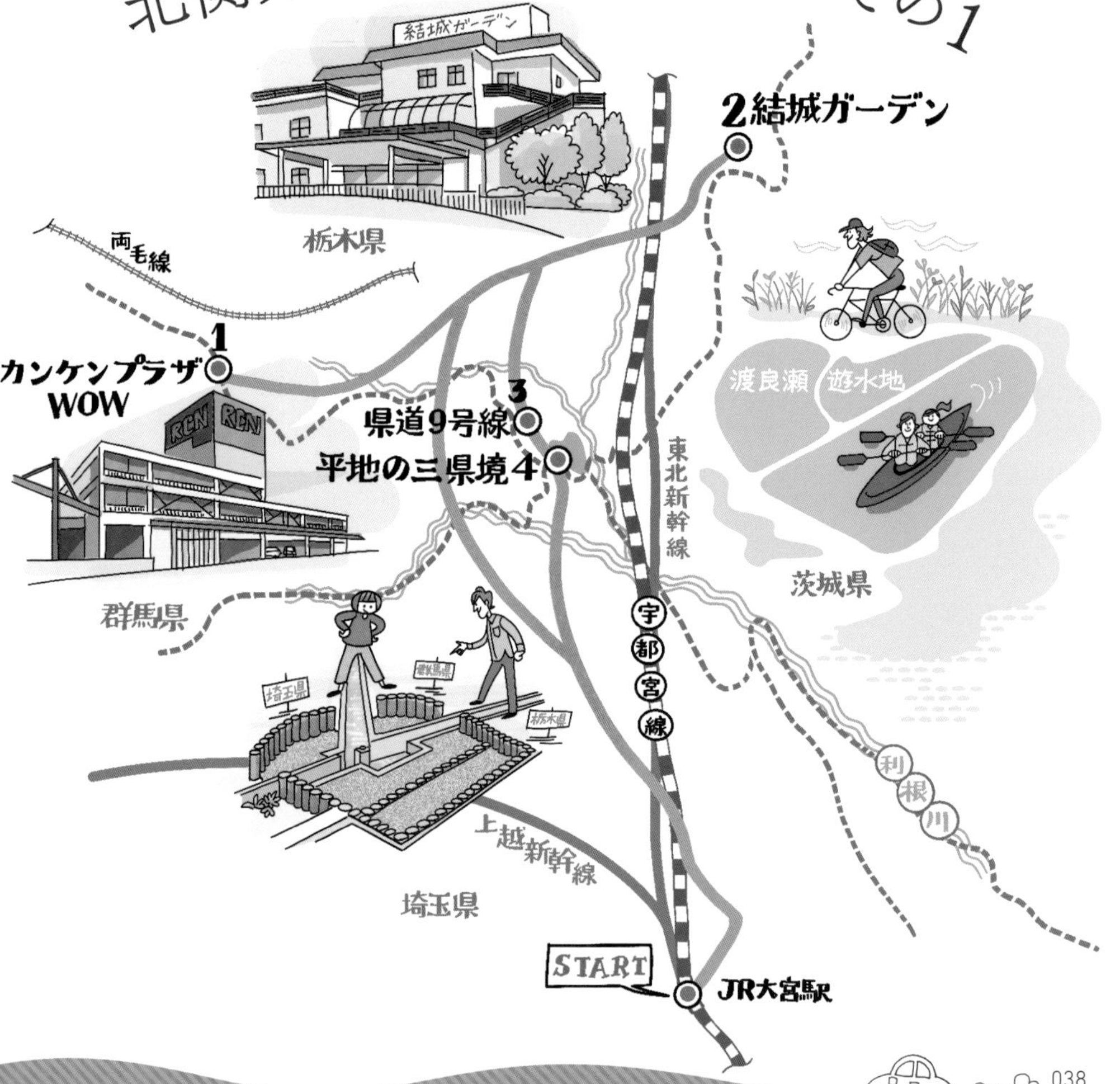

県境をまたぐ大型商業施設

TOUR SCHEDULE

カンケンプラザWOW ← 結城ガーデン（※2022年6月現在休業中） ← 県道9号佐野古河線 ← 平地の三県境

カンケンプラザWOW

マニアという生き物にはさまざまな趣味趣向があり、そのなかの一つに「巨大建造物」というジャンルがある。ダムや発電所や湾岸の工場などの大きな建築物にひかれる人たちだ。筆者は詳しくないものの、たまに郊外へ行って広大な敷地にある巨大なホームセンターや工場をみると、胸の高鳴りを抑えられずテンションが上がるので、その辺りのマニアの気持ちにはなんとなく共感できる。

ここで紹介する「カンケンプラザWOW」もそういった巨大建造物で、建物内にはリサイクルショップや屋内運動場、遊技場にスパなどさまざまな店舗があり、1日いても遊びつくせない大型商業施設だ。そしてこの中を群馬県と栃木県の県境が通っているとくれば、巨大建造物マニアでなくとも注目せざるを得ない。

県境が通る大型商業施設といえば、京都府と奈良県にある「イオンモール高の原」（↓90ページ）がなんといっても有名だが、関東近県の方はこちらのカンケンプラザWOWにも目を向けて頂いただけると幸いである。どうして県境をまたぐことになったのか、商業施設に入る中古車販売店の方にお話を伺うことができた。元々は敷地北端の群馬県側に1号館だけが建っていたのだが、その後2号館、3号館と建て増しを続けるうちに県境をまたいでしまったらしい。これはのちに紹介する「つえたて温泉 ひぜんや」（↓123ページ）と同じ、「増築するうちに県境をまたいでしまったパターン」だ。県境に対する意識が希薄だったと思われ、それは施設内に県境を示す境界線や県名が一切ない所からもうかがえる。だが、周りの国道にはしっかりと両県のカントリーサインと国道の「管理区域界標示」があるので、そこを手掛かりに県境を推測して楽しんでみよう。想像は知的生物の特権である。

カンケンプラザWOW。県境は写真奥、中古車販売店の真ん中辺りを通る。

国道50号線にある管理区域界標示。標識と白線の切れた辺りが県境。

結城ガーデン
※2022年6月現在休業中

県境を巡っていると興奮が先にたち、気がつけば空腹にさいなまれることはよくある。そんな時は道すがら飲食店に立ち寄るのも良いが、もし県境スポットで食事もできるなら一石二鳥だ。そんな県境マニアの横着を許してくれるスポットが、『清水湧く庭園の宿　結城ガーデン』だ。カンケンプラザWOWからは、前を走る国道50号を東へ進むと、1時間ほどで到着する。元々バーベキューガーデンだったこの施設は団体での利用に強く、さらに宿の機能も付いて宴会や法要の会食など、さまざまなシーンに対応できる料理宿だ。静かな個室でいただける食事は、うどんセットから懐石御膳までバラエティに富み、味ももちろん素晴らしく、ゆったりと贅沢なひと時を過ごせて満足このうえない。

食事ができる県境は縄文の歴史を刻む

さて、この施設において県境マニアが注目する所、それは宿の建つ敷地がまるまる茨城県の飛び地であるという点だ。宿は茨城県結城市にあるが、周りは全て栃木県小山市なのである。

どうしてこのような飛び地があるのか、その由来は不明である。不明ではあるが、宿のすぐ北には「寺野東遺跡」という縄文時代の遺跡があり、この地には1万年以上人が住み続けていたことが発掘で分かっている。宿の敷地内には「浅間塚」という松木合古墳群に属する古墳時代の古墳と「浅間神社」があり、そこには富士山の浅間大社と同じ木花咲《このはなさく》耶《や》姫《びめ》が祀られている。縄文時代から湧き続け飲用できる清水もあり、太古からの歴史を刻む土地なのは間違いない。そのような背景を知った後に

飛び地へ入る橋にあった県境の金属プレート。

結城ガーデン(2022年6月現在休業中)。昭和レトロの雰囲気。

一つの道路で四つの県を行ったり来たり！

改めて地図を確認すると、飛び地の形状が、なんとなく前方後円墳の形に見えなくもない……が、その関係はやはり不明である。

最後に、2022年6月現在、結城ガーデンは休業状態にあるらしい。これほどの素晴らしい県境スポットだ、願わくは再開してほしいものである。

県道9号佐野古河線

栃木県佐野市から茨城県古河市に至る県道9号佐野古河線は、正式には「栃木県道・群馬県道・埼玉県道・茨城県道9号佐野古河線」といい、国が指定した主要地方道の一つである。「主要地方道」というのは「国道ではないが地域の主要な交通を担う重要な道路」で、路線の維持管理や整備に国から最大50％の補助が出る道路のことだ。周辺には代わりの利く道路が少なく、それだけに交通量はかなり多い。また、一つの県道が4県を通して走るのは全国で唯一この道路だけで、道路マニアの視線も熱い。

県境マニア的な視点に戻すと、道路は渡良瀬遊水地周辺で県境をまさに「縫うように」走り、通行していると道端に県境を示す各県のカントリーサインを頻繁に目にする。いったい何度県境をまたぐのか、地図を確認してみると実に10回。数でいえば「高野龍神スカイライン」(⬇97ページ)に遠く及ばないものの、約7㎞という区間でこの回数は驚異

道の駅から見た県道9号線。写真奥にあるのが渡良瀬遊水地。

的だ。

　このようなカオスなことにどうしてなったのかといえば、それは真横にある渡良瀬遊水地が関係する。足尾銅山の鉱毒を沈殿させるため、明治から大正にかけて渡良瀬川と谷田川の河道を変えて渡良瀬遊水地が造成された。県境であった川はなくなったが、県境はうねった川の流れのままの形で残った。その後、串を通すように県道が県境を貫き、何度も県境をまたぐようになった……というわけだ。

　渡良瀬遊水地ができた経緯を思うと複雑な気持ちになるが、そのおかげで県境マニア的にはとても面白い場所が誕生した。そしてこの大工事は、もう一つとびきりレアな県境スポットを生むことになったが、それについては次の項にゆだねたい。

道路端にある群馬県のカントリーサイン。

県境の魅力
全てが詰まった
激レアスポット

平地の三県境

　県境のさまざまなタイプの例として先に「飛び地」を挙げたが、その次にレアなスポットが「三県境」だ。三県境とは文字通り「三つの県が交わる県境」である。一般に県境は「線」で語られるが、それは二つの県の場合で、そこにもう一つ県が絡んでくると、県境は「線」ではなく「点」になる。そういった三県境は全国に48ヶ所あるのだが、そのほとんどは高峰や河川の中など、人を寄せつけない場所にある。三県境を訪れるのはとても難易度が高いのだ。しかし、こちらの「平地の三県境（最寄り駅から「柳生の三県境」ともよばれる）」は、人里の、しかも住宅と畑のある普通の平地に存在する。それこそスナック感覚で行けてし

水路がそれぞれの県境。近年公園化されて見やすくなった。

まう。

　なぜそのような場所ができたのかは、先に紹介した渡良瀬遊水地に絡む河川工事に由来する。元々はここに「渡良瀬川」と「谷田川」という埼玉県、栃木県、群馬県の県境となっていた川があり、そのふたつの川が合流する場所が三県境であったが、渡良瀬遊水地を造るにあたり河道の変更がなされ、川が陸地になり県境だけが取り残された。川の中だった三県境も陸地になったというわけだ。

　「境界標石」「県名の入った標識」「県境を想像できる地形や境界線」など、筆者が考える「良い県境スポット」の要素というものがあるのだが、この場所にはその全てが詰まっている。県境に興味を持っていただけて、最初にどこの県境スポットへ行こうかとお考えになった場合、筆者はまずこの場所をお勧めしたい。

　この場所ができるきっかけとなった「足尾銅山鉱毒事件」と田中正三氏の苦労を思うと素直には喜べないが、マニアとしてはレアスポットが誕生したことに感謝を申しあげたい。

隣接する二市一町が、2016年に共同で入れた境界標。

県境ツアー
関東編

4 境の明神～鷲子山上神社

Sakai-no-Myojin ~Torinokosansyo Shrine

下野《しもつけ》国（栃木県）は、隣の上野《こうずけ》国（群馬県）と合わせて毛野国とよばれていた。その後上毛野と下毛野に分かれても、文化、経済的にはまとまった一つの地域で、今でも両県南部を指して「両毛」とよぶことがある。国境には守り神を祀る神社が建てられ、今も一部が残る。そんな栃木県のスポットを宇都宮から回ってみよう。

下野の国境にある神社を巡る旅

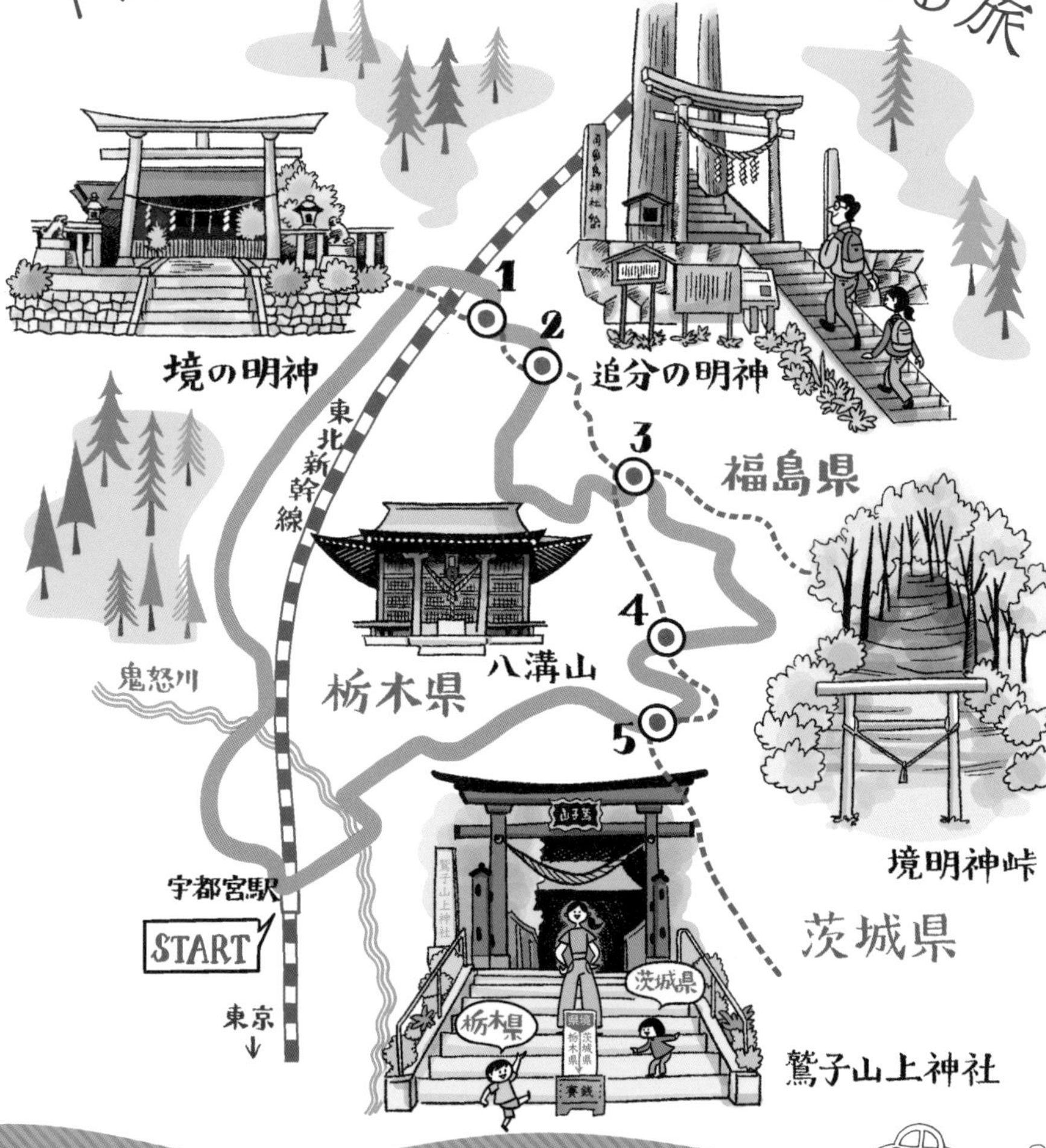

内と外、県境を挟む二つの神社

TOUR SCHEDULE

境の明神 ← 追分の明神 ← 八溝山 ← 境明神峠 ← 鷲子山上神社

境の明神

奥州道中（現在の国道294号）の栃木県と福島県の県境に「境の明神」という神社がある。境の明神とひとくくりでいわれているが、実際には県境を挟んで栃木県側に「玉津島神社」、福島県側に「住吉神社」の二社がある。

なぜ二つの神社が建っているのかというと、古代の国境では自国を守る女神（玉津島神社）を国内に、外敵を防ぐ男神（住吉神社）を国境の外に祀るのが慣わしであったからといわれている。面白いのは、今の説明は下野国側からの見立てだが、国境を挟んだ陸奥国側からだと、外が下野国となるので、内と外が逆転する。つまり福島県側が「玉津島神社」となり、栃木県側が「住吉神社」となるのだ。同じ神社でよび名が変わるのは大変にややこしい。「境の明神」とひとくくりにされるのはそのせいなのかもしれない。

また、この二つの社を指して「二所ノ関」とよばれることもあったらしい。道を挟んだ向かい側には「白河二所ノ関址」の碑が建っている。創建時は国境の神として祀られていたが、時代が進むと奥州道中を行く人々を見守る道中安全の神となり、周辺地域の信仰の対象として今に至る。国境の神社がどちらも残っているのは珍しく、現在は那須町、白河市から史跡に指定され、大切にされている。余談だが大相撲の「二所ノ関部屋」の名前は、この関からきているという。

「境の明神」栃木県側の社。写真右奥が福島県との県境。

こちらは福島県側の社。写真左奥が栃木県との県境。

栃木県側だけに残る追分の明神(関東宮)。

追分の明神

境の明神から南東方向へ車を10分少々走らせると、そこにもう一つ、県境に建つ神社がある。「追分の明神」とよばれるその神社は、関東と東北の境を守る峠神だ。こちらも境の明神と同じ住吉玉津島神社で、祀られている神様も同じ。似たような神社だが、どちらかというとこちらの方が歴史が古く、創建は791年（延暦10年）、のちの征夷大将軍となる坂上田村麻呂が、蝦夷討伐の途上で勧請したといわれている。元々はここも境の明神と同じく下野国と陸奥国それぞれに社が並立していたようだが、現在残っているのは「関東宮」とよばれている下野国側のみだ。

歴史の古さを示すものは、神社前の道にもある。この道は律令制の時代には官道「東山道」であった。近江国から陸奥国府のある多賀城まで、日本の内陸を貫く重要な駅路の一つだ。神社から北へ3㎞ほどの所には、日本海側の「念珠ヶ関」（⬇鼠ヶ関137ページ）、太平洋側の「勿来《なこそ》の関」と並ぶ奥州三大関の一つだった「白河の関跡」もある。この道も今は通る者も少なく、境内にある樹齢700年の巨大な杉の木が、静かに神社と旧街道と県境を見守るだけとなっている。

奥州三大関近くにある国境の神社

茨城県最高峰 三県境の山

八溝山

標高1022mの八溝《やみぞ》山は、茨城県北部にある八溝山系の主峰で茨城県内最高峰の山である。

名前の由来は八方に谷が深く分かれた山容からきているというが、古くは信仰の山として崇められ、山頂には八溝嶺神社、中腹には坂東三十三観音の21番目の札所である日輪寺がある。

山の頂には神社のほか、一等三角点と城を模した展望台があり、茨城県内最高地点というだけあって遠くは磐梯山《ばんだいさん》や筑波山、時には富士山も望める360度の大パノラマが楽しめる。

かつては修験者の山であったらしいが、今では山頂まで道路が通り、スナック感覚で楽々と山頂へ至れる。この山頂にも県境があるのだが、そこには茨城県と福島県の2県の境界しかない。しかし、ここでのお楽しみはあくまで三県境。それは山頂から800mほど西に行った所にある。三県境とくれば、つい山のてっぺんを想像してしまうので意外である。行くのは少々厄介だ。なぜなら整備された道がないからだ。最寄りの道路から山へ入ると、あとは携帯のナビを頼りにひたすら藪《やぶ》漕《こ》ぎになる。わざわざ買うほどではないが、鎌やナタがあったら重宝するだろう。足回りも山上りに適した靴で、長そでと軍手もできれば用意したい。

八溝山の三県境(筆者による絵)。県境の札が掛かっている。

八溝山の山頂にある八溝嶺神社。

　しばらく進むと、三県境と思しき場所の樹木に「栃木・福島・茨城 三県境 山べ」と掘られた札が掛けられている。周辺には、かすれた文字で「三県境」と書き込まれた鳥獣保護区の赤い看板以外、県境を匂わせるものは見当たらない。札の周辺の地面をくまなく探したが、境界石などは見つからなかった。ちなみに来る途中にも境界石はいくつか見かけたが、いずれも三県境のものではなかった。

　筆者は5月頭に訪れたが、もうその頃でも腰の辺りまで一面の笹やぶなので、真夏はもっと厳しいことになっていると思われる。訪れる時は充分に備えていただきたい。

緩やかな峠と急登な参道

境明神峠

八溝山の南に、もう一つ「境の明神」がある。栃木県那珂川町と茨城県大子町との県境にある「境明神峠」だ。先ほど紹介した八溝山のある八溝山塊と、この後に紹介する鷲《とり》子山上《のこさんしょう》神社のある鷲子山塊の鞍部にあり、かつては常陸《ひたち》国（茨城県）の保内郷地方と、下野国（栃木県）の馬頭地方とを結ぶ街道が通る峠として重視されていた。

　明神様はその街道を往来す

栃木県側に残る明神社の鳥居。後ろの山道が参道。

峠部分。カントリーサインや道路管理境界、境界標など県境らしい特徴が満載。

る人々を見守るために祀られ、峠の名前もそこに由来しているという。峠といっても、車なら意識せずに通り抜けてしまいそうになるほど緩やかなピークだ。

当時はここも峠の双方に神社があったといわれているが、現在残っているのは栃木県側のみだ。その神社は峠のすぐかたわらにあるが、訪れるのは少々骨が折れる。国道の脇に頭が当たりそうなくらいやたらと背の低い鳥居があり、ここが神社だろうと見当はつく。しかし鳥居の後ろには壁のように山の斜面が迫っていて、社らしきものは見えない。鳥居の正面の辺りは周りに比べ立木がないので、かろうじてそこが参道であると想像できる。

緩やかな峠と打って変わり、あまりにも急な斜面。階段もない坂を息をきらせて登って行く。その上り坂が終わる頃に開けた場所に出る。安堵して周りを見渡すと、奥に小さな祠がぽつねんとたたずんでいることに気がつく。おそらくこちらが明神様なのであろう。訪れた際はぜひお参りしていただきたい。

元は一つだったのが県境で分かれた神社

鷲子山上神社

栃木県は神社が絡む県境スポットが多いが、ここで紹介する鷲《とりの》子《こ》山《さん》上《しょう》神社はそのなかでも極めつけの場所である。なぜなら参道、山門、本殿に至るまでが、栃木県と茨城県の県境で境内が真っ二つに分かれているのだ。しかも、それぞれの県に宗教法人が置かれ、宮司さんも二人いる。そのような神社は筆者が知る限り全国でも2社（正確には各神社2社ずつあるので計4社）しかない。神社の売りになるということで、境内には「ここが県境 栃木県｜茨城県」と書かれた標識も掲げられていて、その珍しい看板を見て写真撮影する参拝者も多い。

しかしなぜこのような場所に県境があるのだろうか。元々ここは常陸国（茨城県）と下野国（栃木県）の国境の山ではあったが、中世は戦国大名の佐竹氏、江戸時代には徳川水戸藩の領域であったため、政治経済的には一元化されていた。それが1871年（明治4年）の廃藩置県によって、当時の宇都宮県と茨城県の境界が鷲子山《とりのこさん》に引かれることになり、山頂にあったこの神社は県境によって引き裂かれたというわけだ。その後、両県に法人ができ、社務所と宮司もそれぞれに置かれたものの、両神社は行事などもお互い仲良く協力して行っているという。ちなみに、最近ではこの神社に参拝して宝くじが高額当選したという話も出て、参詣する人でおおいににぎわっているという。

山門前の階段に県境を示す看板がある（筆者による絵）。

最後に一つ、県境マニアとしてアピールしたいのは、この神社に授与品として「県境御守」がある点だ。境界トラブル抑止や、運気上昇のご利益があるという。参道にある県境の看板を模したデザインもマニア心をくすぐる。ぜひ1本いかがだろうか。

山門側から参道を観た所。写真中央に県境が走る。右が栃木県、左が茨城県の社務所。

県境ツアー

関東編

5 利根川流域の県境～深谷市の飛び地

Prefectural border of Tone basin ~ Enclave of Fukaya City

関東平野を流れる利根川は、国内最大の流域面積を誇る。かつては「坂東太郎」とよばれ、日本三大河川の一つとされている。中世までは増水するたびに関東の低地帯を暴れまわり、その都度流路を変えていたという。その痕跡が今も県境に見てとれる。県境を巡りつつ、利根川と闘った当時の人の苦労を偲ぼう。

TOUR SCHEDULE

利根川流域の県境
←
深谷市の飛び地

実は県境と一致していない大河の流れ

利根川流域の県境

家康公が、天正18年（1590年）に関東八州に入った当時、関東は一面の沼沢湿地で、利根川は平野部を暴れまわっており、大宮台地だけが島のようにあったという。その暴れっぷりの分かる県境が、群馬県伊勢崎市の利根川沿いにある。伊勢崎市の南端は利根川に面しているのだが、その一角に埼玉県の土地があるのだ。本庄市上仁手《にって》だ。この土地は、かつては利根川の南にある元仁手や下仁手と地続きの村であったのが、利根川が氾濫して本体から切り離されてしまったという。今も地図をよく見ると、この辺りの河道のそこかしこを蛇行する県境が見てとれ、県境となった元の流れから、いかに変遷したのかが分かる。

また、利根川は人為的に流れが変えられた河川としても有名だ。家康公が行った利根川の東遷である。実際の工事は、その命を受けた伊奈備前守忠次が指揮を執り、文禄3年（1594年）の会の川の締め切りから始まり、慶長元年（1596年）には権現堂川の開削が行われた。忠次は慶長15年（1610年）に逝去するが、その志を息子の忠治が継いで工事は続けられ、元和7年（1621年）に新川通・赤堀川の開削に着手、元和10年（1624年）に江

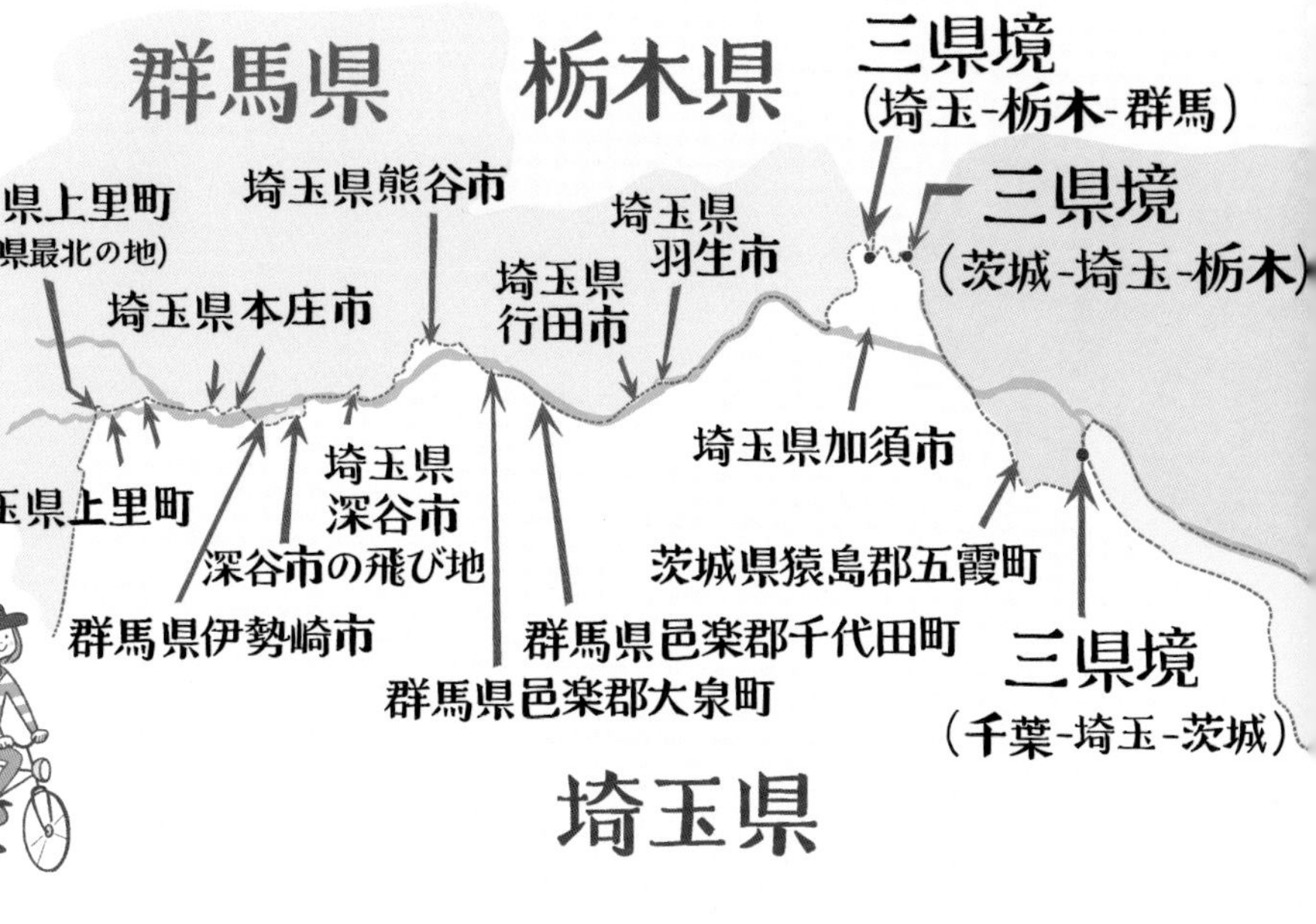

戸川と逆川《さかさ》の開削と続き、承応3年（1654年）に赤堀川の増削がなされると、ついに通水して、利根川の流れを東にある常陸《ひたち》川（今の利根川）に移すことに成功する。埼玉県加須市の一部が利根川の北側にあったり、茨城県五霞町が利根川の南側にあったりするのは、その工事の名残である。

　利根川の東遷は、治水に加えて農地開拓や江戸防衛の意味もあったが、何より重視されたのは水運による物資の運搬であった。当時、京都の次に人口が増大していた江戸は一大消費地であり、その人口を支えるに足る物資搬入のルートが必要であった。利根川の東遷で関東の東方と水路でつながった意義は大きく、利根川と江戸川は、貨物を載せた船や、香取、鹿島神宮へ参詣する船で大変にぎわったという。

　そして利根川の改修は江戸以降も続く。茨城県取手市の小堀は、湾曲した流路のために氾濫が頻繁にあり、大正時代に河道が直線化されて茨城県本体と切り離された。古利根沼は当時の利根川本流の残滓である。これらのように、利根川からはみ出た県境は、当時の人達が坂東太郎を鎮めようと闘った歴史そのものともいえる。それを知った後では、地図を見る目が変わってきそうだ。

利根川左岸(北側)にある、道路に描かれた群馬県と埼玉県の境界。写真奥が本庄市上仁手だ。

深谷市の飛び地

　利根川中流に、群馬県伊勢崎市境島村という地区がある。ここも利根川によって南北に寸断された場所だ。江戸時代までは島村という一つの村であり、その中央には本野という集落もあった。しかし度重なる利根川の猛威に移住を余儀なくされ、本野集落は大正4年（1915年）の河川改修によって川の底に沈み、島村は南北両岸に引き裂かれた。明治21年（1888年）の国土地理院の古い地形図には、「嶋村」という地名が書き込ま

こちらも利根川左岸、茨城県と千葉県の県境。奥の水田が、千葉県野田市の菅生調整池だ。

引き裂かれた村の飛び地の中の飛び地

れている。

その場所は、枝分かれしてのたうち回る利根川に挟まれた中州のような場所にあり、その様は村名が示す通り、島のようにも見える。その〝島〟の部分が、現在の河道だ。また、当時でもすでに利根川右岸、南側の陸地に群馬県と埼玉県の県境があることから、この当時、もう村は利根川によってズタズタに引き裂かれていたと思われる。南北に分かれた村の連絡は渡し舟を使っていたが、増水するたびに使えなくなるので「北部には嫁にやるな、親の死に目にも会えない」といわれたらしい（現在は伊勢崎市が、市道の一部として渡船を運行している）。

写真左の、歩道が途切れている所から先が深谷市の飛び地。写真右の堤の向こうが利根川。

その南側の島村（現在の境島村地区）に、深谷市の飛び地がある。川に隔たれた飛び地を河川飛び地ともいうが、その中にさらに飛び地があるのだ。埼玉県本体から100mほど離れた、2.6ヘクタールほどの土地は大部分が畑で、あとは十数軒の家屋が並ぶ。周囲をよく見ると、カーブミラーやゴミ収集所などに、深谷市と伊勢崎市の市名があるので、飛び地であることが確認できる。

飛び地は、その存立が謎なことが多い。この場所にどうして飛び地があるのかも、残念ながら不明だ。最後に、県境とは関係ないが、この飛び地から南に1㎞も行けば、2024年度発行の1万円札に起用された渋沢栄一氏の生誕地、血洗島がある。

飛び地向かいにある郵便ポストには、境島村の地名が。この周囲では、埼玉県と群馬県の地名が両方見られる。

県境ツアー
上信越編

熊野皇大神社／熊野神社〜蛇渕の滝

Kumanokotai Shrine/
Kumano Shrine
~Jabuchi Falls

新潟県は、富山県、石川県、福井県の北陸3県よりも、どちらかというと関東との結びつきが強い。長野県もまた、一部を除けば関東の影響を強く受けている。それら「親関東」に群馬県を加えた3県が接する高山地帯には、県境初心者でも分かりやすく楽しめる名スポットが点在する。軽井沢発の、上信越県境スポット巡りを紹介しよう。

上信越に点在する名県境たち

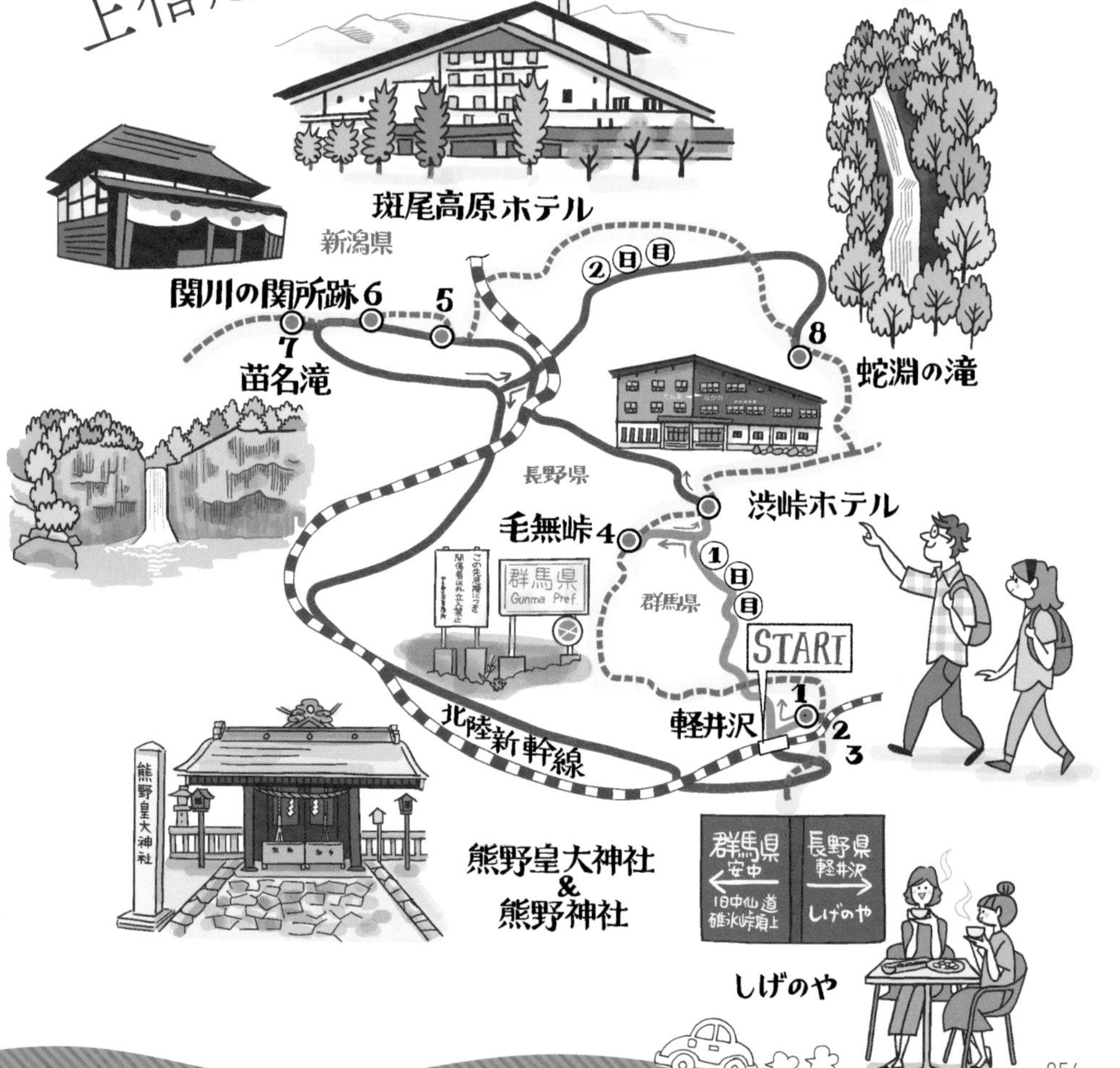

TOUR SCHEDULE

1日目
熊野皇大神社
← 熊野神社
← 元祖力餅 しげのや
← 毛無峠
← 渋峠ホテル

2日目
斑尾高原ホテル＆モンエール斑尾
← 関川の関所跡
← 苗名滝
← 蛇渕の滝

1日目
FIRST DAY

熊野皇大神社

県境で真っ二つ！神社に二つの賽銭箱

避暑地で有名な長野県軽井沢と群馬県の境に、風変わりな神社がある。鳥居と石段、その先に隋身門と、たたずまいは、一見普通の神社に見える。しかし、向拝の所まで来ると違和感を覚えるだろう。

賽銭箱が二つあるのだ。この神社は、一つの境内に二つの宗教法人が並存している。

ここまで読めば、もうお分かりだろう。この二つの賽銭箱の間を、県境が通っている。

県境は、奥の本殿から賽銭箱、そしてくぐってきた隋身門、参道に至るまで、全て真ん中からきれいに長野県と群馬県に分かれている。よく見ていれば、参道と隋身門の石畳に、「長野県｜群馬県」の石板がはまっていることにも気がつくだろう。

二つに分かれる神社といえば、先に紹介した鷲子山上《とりのこさんじょう》神社（⬇48ページ）もあるが、あちらは本殿を両県で分けるために、途中で県境の境界線を曲げている。こちらの場合は、奥の山から下の道路まで、一直線に境内を二分しているのだ。

社殿に向かって左側が、長野県側の「熊野皇大《こうたい》神社」だ。住所は長野県佐久郡軽井沢町である。最近は境界を意識した「県境　境守」や御朱印も頒布している。参詣の記念にいただいておきたい。

長野県の熊野皇大神社(左)と熊野神社(右)。賽銭箱も二つある。

隋身門の石畳に設置された県境標。参道の鳥居前にもある。

熊野神社

社殿に向かって右側は、碓氷権現熊野神社だ。こちらの所在地は群馬県安中市である。

　それにしても、なぜこのように県境をまたぐ形で神社が建立されたのだろうか。

　熊野神社の宮司によると、鎌倉時代に地元の松井田町の豪族12人が、群馬県最古となる釣鐘を当社に奉納し、それに刻まれている文面からこの地を「臼《うす》井《い》到《とう》下《げ》」とよんでいたことが分かっている。熊野神社にこの釣鐘、熊野皇大神社に科野《しなの》国（信濃国）の語源となる科《しな》の木があることから、当時からここが国境であったと想像できる。江戸時代になると、中山道の整備にともないお宮の真中を国境に改め、明治の廃藩置県を経て今の県境となったらしい。

県境上に建つ老舗の茶屋

元祖力餅 しげのや

県境の神社へ参詣が終わったら、一休みといきたいもの。そのような時にうってつけなのが、県境をまたいだ茶屋だ。神社からのびた県境は、前の道路を横切って「上信國境」と彫られた古い境界石を通る。そして赤く塗られたコンクリート製の境界線となり、奥の建物にぶつかる。そこが峠の茶屋、「元祖力餅 しげのや」である。

　県境のラインは店先だけでなく、店内にも引かれていて、自分が今どの県にいるのか、すぐ分かるようになっている。素晴らしいのは、境界線が屈折する所はちゃんとラインを曲げて、県境をトレースしている点だ。境界線は店内を斜めに横切り、さらに店奥のテラス席へものびていく。

　テラスにも席が並ぶが、筆

「元祖力餅 しげのや」の趣ある入り口。駐車場の赤い県境ラインは、オーナーが設置したもの。

真ん中で県境をまたいでいた特等席（筆者が訪れた2017年当時）。

者が訪れた当時は、一番奥の席が県境の境界線の上にテーブルが置かれ、向かい合うように座ると、お互いが違う県にいるという状況になっていた。県境マニアにとっての特等席であったが、現在は晴れた日などは横並びの席配置になっているようだ。

　テラス席の上には展望台もあり、そこにも県境が引かれている。機会あれば、男性諸君にはトイレもご覧いただきたい。オーナーの変わった趣味を体験できる。

　店では、信州そばと上州うどんなどのほか、元祖力餅の看板の通り、「名物ちからもち」もいただける。夏場は、ソフトクリームと合わせた「ちからもちソフト」もお勧めだ。

この先危険?! 絶景県境

毛無峠

〝グンマー〟という言葉をご存じだろうか。群馬県の豊か過ぎる自然と、それと共存して暮らす県民性を、ユーモアを込めて「どこだか分からない異国の地」に例えたネットスラングだ。より力強い〝グンマー帝国〟という表現もある。ネット上でこの言葉が生まれてから時が経ち、今もSNS等でよく目にする方もおられるだろう。

　そんなグンマーの驚異の大自然を感じられる県境が、万座温泉の近くにある。毛無《けなし》峠だ。頭髪のさみしさを強調したわけではなく、峠の周囲に高い木が一本も生えていない「木無し」からついた名だといわれている。群馬県と長野県の県境をなす2000m級の山地の鞍部であるこの峠は、それ自体の標高も1823mと高く、強風が年中吹きすさんでいる。木が育たないのもむべなるかなである。

毛無峠。この先の群馬県へは、立ち入り禁止。

　峠の県境部分へは、長野県側からアプローチできる……と、いうか、長野県側からしか道はない。稜線に沿って引かれた細い県道を進むと、途中から未舗装路になり、峠のピークである群馬県との県境へと至る。道はその先の群馬県側へ続いているものの、チェーンによって封鎖され、進むことができない。道の横には「群馬県」の大きなカントリーサインと、「この先危険につき関係者以外立ち入り禁止」の看板が並んで立っている。秘境感満載のロケーションと、封鎖された道と相まって、この先の群馬県がまるで危険な場所であるかのような印象を受ける。その様子は、先に述べた「グンマー」ネタと相まってネットで人気となり、今では観光目的で訪れる人もいる。また、見通しが良く風が通る地形なので、最近では無線マニアやラジコン飛行機の愛好家にも人気の場所になっているようだ。破風《はふう》岳や御飯《おめし》岳などへの登山の出発地として好適なのは、いうまでもない。

ちなみにこの閉鎖された道の先には、かつて小串《おぐし》硫黄鉱山という採掘地があった。最盛期には2000人ほどの人が居住して鉱山街を形成し、この道はそこへ行くための道路であったが、昭和46年（1971年）に鉱山が閉鎖すると役目を終え、群馬県側は封鎖された。今もその遺構が残り、徒歩で観に行く人もいるらしいが、安全は保障されていないので自己責任でお願いしたい。

小串硫黄鉱山が使っていた、索道の遺構。

渋峠ホテル

群馬県の草津温泉と、長野県の飯山を結ぶ国道292号は、上信越国立公園にさしかかると、山の稜線と森林が織りなす大パノラマが展開する。日本国道最高地点（標高2172m）もあり、ドライブにも、ツーリングにも、国内屈指の人気コースとなって

日本国道最高地点！ 奇跡の県境ホテル

渋峠ホテル（筆者による絵）。県境で外壁が違っているのは、増築による偶然であった。

いる。

ここで紹介する渋峠ホテルは、その国道最高地点の近くに建っている高原の宿だ。外壁に大きく「ぐんま↔ながの」と書かれたその建物の存在感は圧倒的で、ホテル前の駐車場にも県名と県境の標示があり、中に入ってもフロアマットに県境のラインが描かれ、上を見れば「喫茶↑群馬県―長野県↓食堂」の案内板がさがる。ここまで県境をアピールしてくるホテルは、「つえたて温泉ひぜんや（⬇123ページ）」、「ふれあい高原の家 天狗荘（⬇113ページ）」と並ぶ……いや、外観の派手さを加味したら国内一の県境の宿であろう。実際、ホテルはメディアの取材依頼が多数あり、TVでも何度も紹介されている。まさに国内を代表する県境スポットの一つだ。

さて、この建物はどうして県境をまたいでいるのだろうか。オーナーにお話を伺える機会があった。この宿がまだ小さな山小屋だった昭和26年（1951年）頃は、この辺り

入口手前の駐車場にも県境の破線と県名が示されている（筆者による絵）。

に県境があるらしいことは聞いていたが、まだ測量がなされておらず、正確な位置は不明であった。その後、昭和50年代の建て替えでほぼ今の建物になるが、当時は、今の建物を半分に切ったような、片流れ屋根の建物であった。その後にもう半分が増築され、切妻屋根の現在の姿になった。外壁が半分違うのは、県境だから変えたのではなく、増築によるものである。その後に測量が行われ、偶然にも、はじめに建てた半分と、増築したもう半分の間（今の玄関の部分）を県境が通ると判明。県境に建つホテルであることをアピールしていくことになる。

　余談だが、ホテルでは「日本国道最高地点到達証明書」の発行もしている。県境探訪の記念にいかがだろうか。

2日目
SECOND DAY

県境入り乱れる高原

斑尾高原ホテル＆モンエール斑尾

斑尾高原は、長野県の北部、新潟県との境となる斑尾山（1382m）の山麓にある高原だ。標高1000mほどの場所にホテルやペンションが立ち並び、避暑地の高原という点では軽井沢と似ているが、軽井沢ほど首都圏に近くはないため、良い意味で静かで落ち着ける。冬はゲレンデスポーツ、夏はキャンプやBMX、ジップラインといったアクティビティで人々を楽しませ、そういったファミリーに向いたレジャーがあるのも、シニアやカップル向きの軽井沢とはまた違う。では、恋人や家族と縁遠く、スポーツにもあまり関心がない（特に筆者のような）場合は、斑尾高原を楽しめないのか……いや、そんなことはない。もちろん県境スポットがあるからだ。

　斑尾高原のホテル群で、白壁に茶色い切妻屋根の、ロッジ風の一際目を引く建物がある。「斑尾高原ホテル」である。

県境をかすめる場所に建つ斑尾高原ホテル（筆者による絵）。

ホテル入口の階段にある小さな県境標

そのホテル入口の階段に、長野県と新潟県の県境標が埋め込まれているのだ。20㎝四方の小さな金属プレートなので、うっかり見落とす宿泊者がいるかもしれない。だが、境界標を求めて常に地面を凝視している県境マニアが、これを見落とすことはまずない。思う存分県境を堪能しよう。地図を見ると、県境はこのホテル建物の前面を、なめるように通っていく。ホテル自体は長野県に建っているので、このホテルへの出入りは、新潟県を経由せねばならないという面白い状態にある。

斑尾高原は意外に複雑な県境をしており、境界線はこの高原を、ぐにゃぐにゃとうねるように走っていく。県境は同ホテルが運営するキャンプ場のテントサイトも横切り、さらにホテル別館である「モンエール斑尾」の建物の中をも横切っていく。ホテルの方の話によると、まずこの高原で一番良い所にホテルを建てるのが最優先事項であったらしく、県境が建物を横切っていたり、入口にあったりするのは、たまたまそうなったとのことだ。斑尾高原ホテルには、自家天然温泉の露天風呂もあるので、県境で星空を観ながらひとっ風呂……というのも良さそうだ。

北国街道
重き関所の県境

関川の関所跡

斑尾高原から県境は西へ向かい、関川で合する。その川のほとりにあったのが、「関川の関所」だ。旧国に照らすと信濃国と越後国の国境にあたり、ここを通る北国街道は、北国諸藩の参勤交代や佐渡の金銀を運ぶことから、江戸幕府により主要五街道（東海道・中山道・日光街道・甲州街道・奥州街道）の次に重要な街道として整備され、発達したという。幕府が置いた54ヶ所の関所のなかでも、北国街道で唯一、「重き関所」の一つとされていたことからもその重要さがわかる。

また、関所は「入り鉄砲に出女」という言葉にある、江戸への武器の密輸と、人質として江戸に留め置かれた、諸藩の妻女や母の無断帰国を防ぐ重要な施設であり、特に関

復元された関川の関所。

関川。かつては川幅が広く、中州に県境（国境）があった。明治期の鉄道敷設により川幅が狭まり、今は写真右の駐車場に県境が通っている。

川の関所では、「出女」について厳しく取り調べられた。江戸幕藩体制の維持に寄与した関所であったが、江戸幕府が倒れ、明治2年（1869年）に関所廃止令が出されると、その役目を終える。当時の建物はなくなってしまったが、現在は文献などを元に関所の建物が復元され、かたわらに建つ「道の歴史館」で、関所があった当時の様子を知ることができる。

　関所の歴史を知ると、県境を越えることになんの痛痒もない現代の司法には感謝しかない。最後になったが、現在の関川の関所跡の県境は、関川を長野県側に渡った、専用駐車場の中にある。

県境にまたがる大瀑布

苗名滝

関川の関所跡から、県境は関川に沿ってさらに上流へ。このように、県境は川に沿って存在することが多い。そして、川にはダムと滝が付き物。この後は県境にある滝を観ていこう。

　関川を遡上した先にあるのが、県境にまたがって流れ落ちる苗《なえ》名《な》滝《たき》だ。高低差55m。マグマが冷えて縮む時にできる柱状節理が生じた玄武岩の壁を削るように落ちる大瀑布で、日本の滝100選にも選ばれている名瀑である。その名は、滝の音があまりに凄まじく、あたかも地震のようであったことから「地震《じしん》滝《たき》」ともよばれていたところ、「地震」を古語では「なゐ」と読むことから「苗名滝」に変化したという。……しかし、この説明は現代語をわざわざ古語に先祖返りさせるもので、どうも釈然としない。苗名の謎は深まるばかりだ。

　滝のすぐ近くへは行けないが、一番寄れる場所からでも、その圧倒的水量と音を充分に身体に刻むことができる。この轟音と水圧が発生している場所が、県の境界とは……なんとダイナミックな県境であろうか。玄武岩の壁と、深い山々が重なる絵になる場所で、滝マニアでなくとも見て損はない。しかし、そこへ至る道は川沿いの登山道のような自然の地形。足回りだけは、山に入るつもりで、ちゃんとしておいた方が良いだろう。特に筆者が訪れた4月の終わりは、まだ雪が残っていた。滑落にも気をつけていただきたい。

苗名滝。向かって右側が新潟県、左側が長野県。

滝への道は、なかなかワイルド。

県境に残る大蛇の伝説

蛇渕の滝

少し離れるが、もう一つ、県境にまたがる滝がある。新潟県と長野県の山奥、秋山郷という秘境にある、蛇の伝説が残る「蛇渕《じゃぶち》の滝」だ。滝は、土産屋の脇の遊歩道を川へ下っていくと見ることができる。苗名滝の大瀑布を見た後では物足りない印象を持つかもしれないが、渓谷を下る白糸のような渓流と、控えめな水量ゆえの柔らかな水音には心地良さを覚える。

蛇渕の滝。向かって右側が長野県、左側が新潟県。

この滝の由来が、展望所に設置された看板に書かれていた。「その昔、秋山郷の熊取名人善吉が、この付近の熊を追って、川に架けられていた丸太を渡った。渡り終えてふと後ろを見ると、それは丸太ではなく、大蛇であった。善吉は恐ろしさのあまり、一目散に山道を逃げ去った。」……ということがあり、以来この滝を蛇渕の滝とよぶようになったという。今、読み返してもなんだそれはと思うが、ここにはもう一つ大蛇の伝説がある。明治の初め頃、この辺りを暴風雨が襲った。家々は戸を固く閉じて風雨が収まるのを待ったが、一向に止む気配はない。集落の長老が窓の隙間から外をうかがうと、激しい稲光と共に、蛇渕から巨大な蛇が天に昇るところを目撃した。そして蛇が彼方へ消えると、雨はピタリと止み、集落は平穏を得ることができた。それから水の神を「蛇渕大権現」として祀ることにし、その石碑が、滝へ下る遊歩道脇の公園に鎮座している。このような伝説まであるとは、県境探訪はなんとも奥が深い。

こちらはしっかりした遊歩道が整備されている。

県境ツアー

北陸編

越前加賀県境の館～境川

Echizenkaga kenkyo no yakata ~Sakai Riv.

日本海沿岸の北陸地方は、都への往来で越えなければならない場所という意味で「越（古志、高志とも）国」とよばれていた。令制国に組み込まれてから越国は「越前」「越中」「越後」の三国に分かれ、のちに「能登」と「加賀」が分離した。そのような歴史をもつ北陸の県境スポットを、金沢駅から巡るルートで紹介する。

越国《こしのくに》とよばれた北陸道の旅

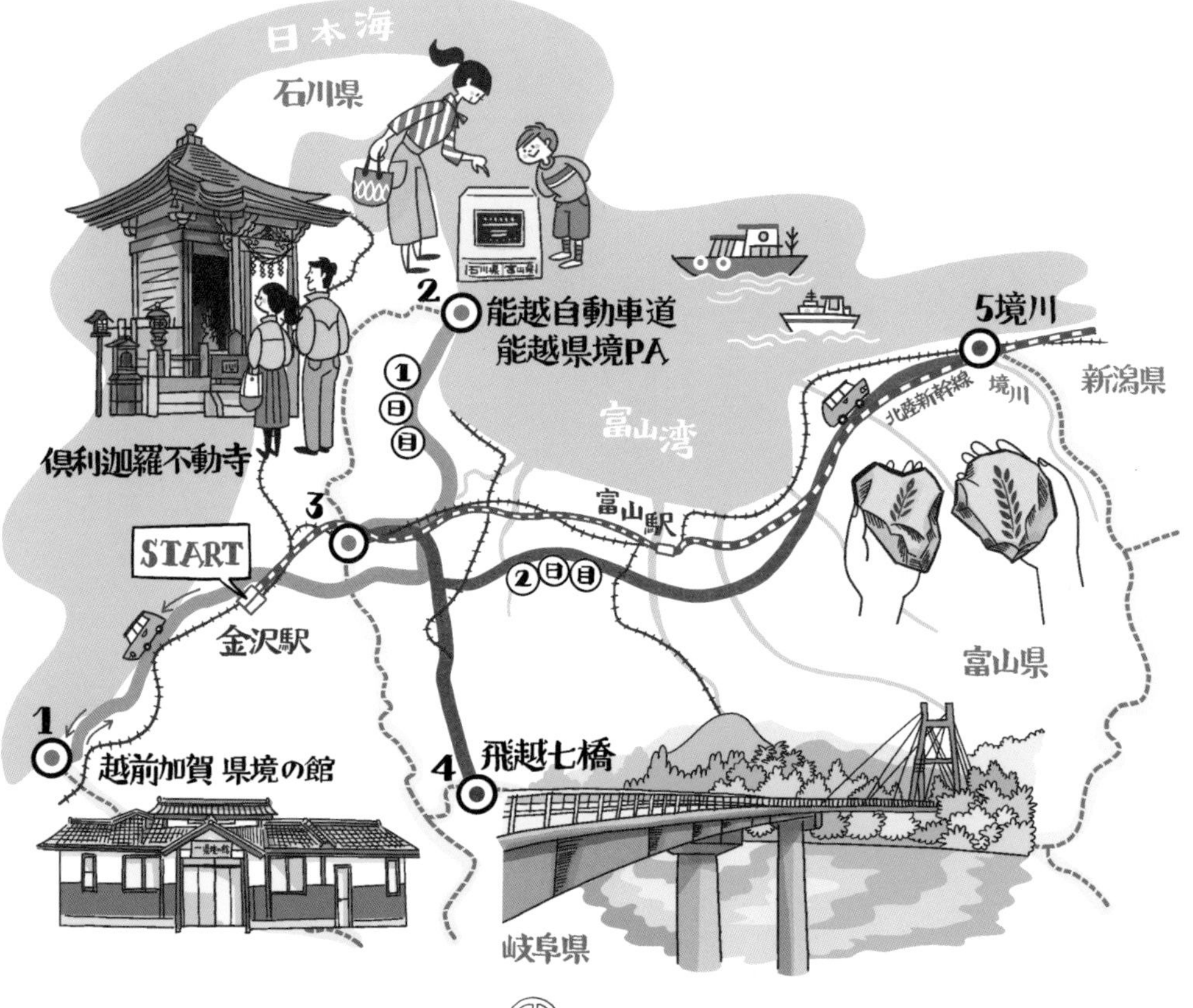

蓮如ゆかりの県境に建つ観光振興基地

TOUR SCHEDULE

1日目 越前加賀県境の館 ← 能越自動車道能越県境PA ← 倶利迦羅不動寺

2日目 飛越七橋 ← 境川

1日目 FIRST DAY

越前加賀県境の館

通常、県境の境界線上に建物を建てるのは避けられる傾向にある。登記やインフラの整備、保健所や税金など、何かと手続きが面倒になるからだ。手間がかかることは重々承知しているものの、県境マニアとしては、県境にまたがる建物は何よりのごちそうなので、ぜひ増えてほしいと願うばかりである。そんな、マニアの心の叫びが聞こえたのかは分からないが、福井県と石川県の県境上を狙って建てられた観光施設が2015年に爆誕した。それがここで紹介する「越前加賀 県境の館」である。

瓦ぶきの立派な建物は、あわら市と加賀市が共同で建てた施設で、入り口部分をきれいに二分するように県境が通っており、向かって左側に「福井県あわら市吉崎2丁目」、右側に「石川県加賀市吉崎町」と地名が書かれているだけでなく、床の色も違えていて境界線がとても分かりやすい。

中は、建物のある吉崎の町の模型と、天然記念物の鹿島の森、北潟湖など、周辺観光地のパネルなどが展示されていて、職員の方による案内も聴ける情報発信基地となっている。特に、京都を追われ、この地に吉崎御坊を建立した蓮如上人《れんにょしょうにん》について詳しく知る

県境の館。写真左が福井県、右が石川県。

建物裏手にも県境標。北潟湖の向こうは鹿島の森。

ことができる。蓮如上人《れんにょしょうにん》はのちに紹介する髭茶屋追分《ひげちゃやおいわけ》（⬇86ページ）でも登場する、浄土真宗中興の祖だ。この地で布教を広めて多くの門徒を得、吉崎を宗教王国にした。周辺にはその御坊の跡地がある。

　また、年に一度、館の前であわら市と加賀市の市長を筆頭として、綱引き大会も催される。マニアとしては、一度目にしてみたいイベントだ。

能越自動車道 能越県境PA

　能越自動車道は、能登半島北端の石川県輪島市から、富山県西部にある北陸自動車道小矢部砺波《おやべとなみ》JCTまでを結ぶ一般国道自動車専用道路だ。これが開通（一部未開通部分アリ）したことで、富山県と能登半島がぐっと近くなった。

ドライブの休憩に県境はいかが？

条件が良ければ富山湾越しの立山《たてやま》連峰が望めて、ドライブの気分を盛り上げてくれる。

　そんなご機嫌な自動車専用道路に、県境マニアにとってテンションが爆上りするスポットがある。県境をまたぐパーキングエリア（以下PA）だ。2015年11月8日に利用開始となった能越県境PAは、上り線、下り線ともに小型車10台、大型車11台の駐車スペースの、小さなPAだ。設備も自販機と地場産の木材を使用したトイレ、季節によって出店があるかどうかというくらいで、大規模なサービスエリアに比べるとささやかなものでしかない。しかし、ここには「県境」というほかにはないアイデンティティがある。

　トイレ横にある道路の開通記念碑は県境標を兼ね、富山県と石川県の県名が入ったプレートがあり、手前の地面には境界線を示す青いラインも引かれている。その青いラインは、パーキング内のガードレールや記念碑後ろのフェンス、PA外のガードレールにも示されていて、県境がどのように走っているのか、とても想像しやすい。ここまで丁寧に県境を案内してくれるとは、道路を整備した国土交通省北陸地方整備局は、県境の価値をよくお解りになっているのだと推察する。七尾氷見道路のウェブサイトには、PAのおすすめポイントとして「この県境でぜひ記念写真を撮ってください」と書かれている。訪れたら、ぜひ思い思いの県境記念写真を撮りまくっていただきたい。

能越県境PAの県境標。

日本三不動の一つがある県境

能越県境PAの木造のお洒落なトイレ。県境はその脇にある。

倶利迦羅不動寺

「倶利迦羅」は、「くりから」と読む。日本語では聞き慣れない発音だが、それもそのはず、語源はサンスクリット語の、不動明王の化身である剣に巻き付いた黒龍を意味する言葉である。倶利迦羅不動寺は西暦718年に、インドの高僧、善無畏《ぜむい》三蔵法師が不動明王を安置されたのが始まりとされ、のちに弘法大師もみずからご本尊と同体の不動尊を刻まれたという。

寺のある「倶利伽羅峠」の名前もこの不動尊からついたというが、峠道そのものは604年にはあったといわれているので、お寺ができる前から越国《こしのくに》の主要な街道であったらしい。その後、飛鳥時代にこの峠が越前国（のちに加賀国）と越中国の国境となった。国境の街道には争いが付き物で、1183年には京へ向かおうとする木曽（源）義仲と、それを阻もうとした平維盛《これもり》が、この倶利伽羅峠の南斜面でぶつかっている。倶利伽羅源平合戦といわれるこの戦いでは、数に劣る義仲軍が、火牛の計（角にたいまつを付けた牛を敵陣に放つ戦法）を用いて維盛軍を谷に落とし大勝したという。その跡は「倶利伽羅古戦場」として今も残る。

倶利伽羅峠は江戸時代までは栄えていたが、明治に入り北側の天田《あまだ》峠に道が通ると一気に寂れ、今は不動寺への参詣者の参道となっている。県境は寺の境内の中にあり、特に県境を示すものはない。しかし創建のきっかけとなった倶利迦羅不動明王が泰安されている奥之院は、県境をまたいで建っているとのことなので参詣したいところだ。

境内のおそば屋さんでいただいた「くりからそば」(2021年5月7日撮影)。

写真奥の奥之院から、写真右のお守り授与所前辺りに県境が通る。

七橋の一つ、合掌大橋。

2日目
SECOND DAY

飛騨と越中に架かる夢のレインボーブリッジ

飛越七橋

　岐阜県、ひるがの高原に分水嶺公園がある。小川が南北の分水界に分かれる場所なのだが、南に流れると長良川を経由して太平洋へ、北へ行くと庄川《しょうがわ》に入り、日本海へ注ぐ。

　庄川はいくつものダムにその湖水をたたえ、世界遺産の白川郷・五箇山の合掌造り集落や渓谷の庄川峡など、流域は観光地として親しまれている。

　その観光を支えるのが庄川沿いを走る国道156号だ。特に御母衣《みぼろ》ダムから富山県砺波《となみ》市辺りまでの道は「飛越峡合掌ライン」の愛称で知られている。かつては狭あいな酷道として知られていたが、近年ではトンネルや洞門の整備が進み、一部を除いて快適なドライブが可能となっている。

　人類の英知の結晶ともいえる、その快適さが産んだ県境的名所が「飛越七橋」だ。この辺りの岐阜県と富山県の県境は蛇行する庄川にあり、国道が串を通すように蛇行部分を真っすぐ貫いている。その飛騨（岐阜）と越中（富山）の間を結ぶ七つの橋が、わずか3kmに満たない区間に7回もの越境を可能にした。橋を渡るたびに県が入れかわるのは単純に面白く、自分が今どちらの県にいるのか分からなくなる感覚は、マニアなら興奮間違いなしだ。各橋は七つの色に塗り分けられ、「虹の架け橋」の愛称もある。このレインボーブリッジで、県境を越える楽しさをぜひ堪能していただきたい。

境川

「境川」と聞くと、皆さんはどちらの川を想像されるだろうか。東京と神奈川の間、愛知県と静岡県の間など、境川という名前の川は全国にあり、

橋にあった「県境入組み区間ここまで」の珍しい標識。

国土交通省河川局が河川コードを付けた物だけでも60以上、「～境川」のように一部に「境」と入っている川となると見当もつかない数になる。エリアの境界として、川が重要な要素であることがお分かりいただけると思う。

　富山県と新潟県、かつての越中国と越後国の間に流れる川も境川という。まさに国境であることが名前の由来だ。

海岸の化石は県境の夢を見るか

令制国（⬇146ページ）の時代は北陸道で中国（越中国）と遠国（越後国）を隔てる境となる要衝であった。現代の境川は、さほど川幅が広くない2級河川で、橋のたもとにある両県のカントリーサインがなければ、越境にも気がつかれない普通の場所だ。しかしここで取り上げる以上、ただの県境ではない。なんとこの県境では化石が採れるのだ。

境川と境橋。橋の手前が富山県で、向こう岸が新潟県。

　境川が日本海に注ぐ河口の海岸で、筆者はとある仲間のフィールドワークに混じり、化石を採ってみたことがある。海岸は砂浜ではなく、境川が運んできた小石が敷き詰められている。その中で黒っぽい石に化石が含まれていることがあるというので、目を皿のようにして吟味し、これはという石を集めてハンマーを借りて割ってみた。すると、まぁ大体はハズレなのだが、一つだけ、シダ系の植物の葉の化石が割れた断面にくっきりと現れた。視界一面の無数の小石から、宝を探し当てたような興奮だ。結局私はそれだけだったが、運が良いとアンモナイトなどの化石も見つかるという。

　この海岸になぜ化石があるのかというと、境川の上流に来馬《くるま》層群という約1億8000万年前の中生代ジュラ紀の地層があり、そこから流れに乗って運ばれてくるからだ。県境を巡る本書も、ついに億年単位のスケールが出てきた。海岸で眠る化石達は、自分が県境の川で運ばれてきたことを知っているだろうか。この県境で、古代のロマンを感じていただきたい。

海岸で仲間が見つけた植物の化石。

県境ツアー

東海編

1 木曽岬干拓地～伊吹山

Kisosaki Polder ~Mt.Ibuki

東海地方の特に東海3県（愛知県・岐阜県・三重県）は、昔から地域の結びつきが強く、東西日本の中間にあって独特の文化が育まれてきた。また、たびたび水害をもたらす木曽三川の制御と周辺の干拓も行われてきた。山へ目を向ければ、鈴鹿山脈に伊吹山。関ケ原は東西世界の境界でもある。名古屋駅から車で巡れる東海の県境を紹介しよう。

干拓から高山まで、東海3県の県境

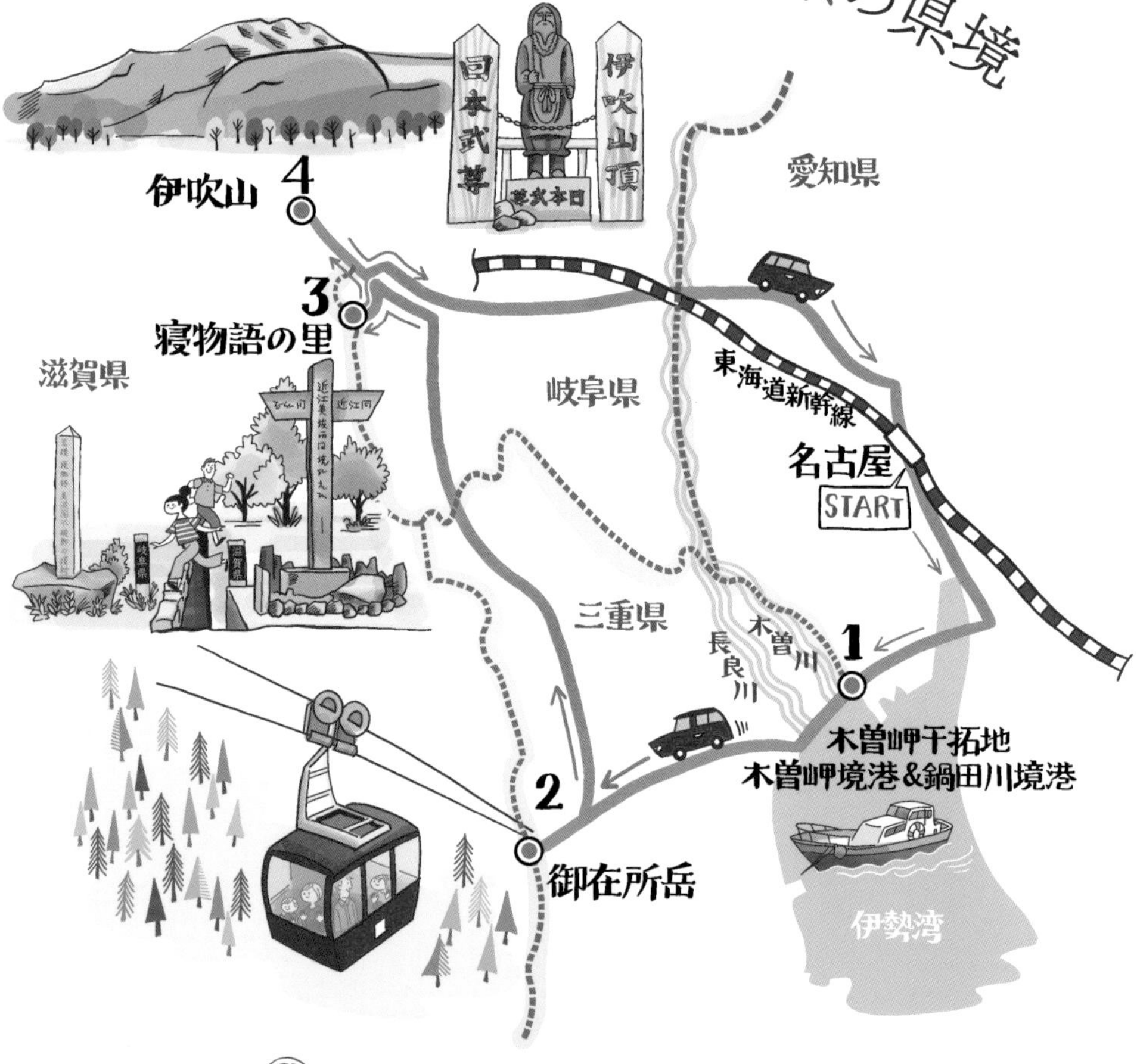

県境ツアー 東海編 1

木曽岬干拓地～伊吹山

干拓は境界問題を誘う

TOUR SCHEDULE

木曽岬干拓地／木曽岬境港＆鍋田川境港 ← 御在所岳 ← 寝物語の里 ← 伊吹山

木曽岬干拓地／木曽岬境港＆鍋田川境港

愛知県西部、木曽川、長良《ながら》川、揖斐《いび》川の木曽三川が接近する場所は、三重県と岐阜県、三県の県境が接近する場所でもある。残念ながら三県境は長良川の中になってしまっているが、見どころは河口部の方にある。

河口部付近では、県境は木曽川から分流した鍋田川に移る。鍋田川は木曽川に再び合流するが、県境はそれには従わず、そのまま真っすぐ陸に上がる。その陸地が、愛知県と三重県にまたがる木曽岬《きそさき》干拓地だ。木曽川河口は江戸時代から干拓が行われていたが、１９６６年（昭和41年）に三重県が国に要請したことがきっかけで、国の直轄事業として干拓工事が始まった。当初は三重県独自の事業として、完成した土地も三重県に所属する予定であったが、愛知県がそれに待ったをかけた。干拓地が完成しても、三重県とは木曽川に隔てられ、逆に愛知県弥富市と陸続きになるうえ、干拓予定地には弥富市の地籍もあるというのが理由だ。海から陸になったばかりに県境紛争の火種となってしまった。

１９６８年に始まった境界問題は平成になっても引きずり、１９９４年に農林水産省が示した調停案でようやく決着した。その間に干拓工事は完了したものの、係争地ゆえに土地の利用ができず、ただの空き地として数十年放置されてきた。さらに間の悪いことに、係争中に伊勢湾岸自動車道ができ、コンテナターミナルや流通基地、工場が建つなど周辺の開発も進んだことで、当初予定していた農地としての利用は厳しくなった。そこで農地は諦め、工業用地への転用が決まったが、それには土地のかさ上げが必要で、本格的な土地利用は当分先になる見込みだ。現在はメガソーラー発電所が２０３４年まで

干拓地の一部は、メガソーラー発電所として利用されている。

写真手前が木曽岬境港で、奥の対岸が鍋田川境港。この間が境界未定地となっている。

の予定で運転されており、巨大な物流施設も建設中だ。

余談になるがもう一つ紹介したい場所がある。干拓地の北には県境である鍋田川の流れを利用した漁港がある。東岸は愛知県の鍋田川境港、西岸は三重県の木曽岬《きそさき》境港と、港の名称が違うのも面白いが、実はこの漁港の間が県境未定地となっている。上記の境界争いのゴタゴタで発生したと思われるが、どうして県境が定まっていないのかは不明である。

御在所岳

木曽岬から三重県内を西へ向かうと、三重県と滋賀県を分かつ鈴鹿山脈が壁のように立ちはだかってくる。壁というのは大げさな表現ではなく、実際、鈴鹿山脈は平原が隆起してできた山脈で、特に東側は逆断層の急崖になっている。

その主峰は御在所岳で、山肌には奇岩が露出し、ロッククライマー達のチャレンジ精神をおおいに刺激している。筆者にはそのような気概は皆目ないので、「御在所ロープウェイ」という人類の英知を利用させてもらった。ちなみにこのロープウェイは、東洋一の高さを誇る白い鉄塔が自慢だ。眺望を遮るものはないので、晴れれば伊勢湾を一望できる。

ド派手な一等三角点がある県境の山

山上公園駅は、御在所岳が隆起する以前は平原であった平らな地にあり、そこから県境のある山頂まではまだ距離がある。高原の散歩を楽しむのも良いが、山頂へ行くリフトもあるので、好みで使い分けよう。筆者はリフトが好みだった。この辺りには、三重県唯一のス

キー場もあるらしい。

　リフトの頂上駅に着けば、そこが本当の山頂だ。山頂の広場には「一等三角点」と「御在所岳山頂」と書かれた大きな標識が鎮座している。前者は円形に積まれた石垣と柵に囲まれた小山にでかでかとあり、興味の有無にかかわらず嫌でも目に入ってくる。これほどアピールしてくる三角点も珍しい。主役の山頂碑よりも目立っている。逆に、県境の標識はそのかたわらにひっそりとたたずみ、謙虚な雰囲気がとてもいじらしい。置かれた境遇が、私達県境マニアの存在と被って見えるのは、気のせいだろうか。

三角点の脇にある県境の標識。

頂上にある一等三角点の標識。

寝物語の里

　関ケ原とくれば天下分け目の決戦の地。付近には古戦場をはじめ、さまざまな武将が陣を敷いた跡や、伊勢鈴鹿、越前愛発《あらち》と並ぶ古代三関の一つ「不破関」跡もあるなど、史跡に事欠かない地だ。また、

寝物語の里の県境周辺の全景（筆者による絵）。道路の脇に県境の水路と碑がある。

東西文化の境界は細い水路にあった

この細い水路が県境（筆者による絵）。

2016年に地元の岐阜県関ケ原町が発表した『東西文化の調査報告書』には、青ネギか白ネギか、角餅か丸餅か、カレーに使うのは豚肉か牛肉か、某チェーンの略し方はマックかマクドか等々、関ケ原が東西文化の境界線となっていることが報告されている。

そのような文化、地理的境界の関ケ原であるが、県境マニアにとっても熱い場所がある。その名も「寝物語の里」という、なんともファンタジックな名前のスポットだ。

現地は旧中山道というだけあって、どことなく宿場町っぽい雰囲気をもつ住宅地なのだが、その道のかたわらに幅50cmほどの水路と、それを挟むようにして立つ2本の石碑がある。碑にはそれぞれ「舊蹟 寝物語 美濃國不破郡今須村」と「近江美濃両国境寝物語 近江国長久寺村」と彫られている。そう、この細い水路が、旧美濃国と近江国、今の岐阜県と滋賀県の県境なのだ。石碑の後ろには県名の標もある。石碑が目立つお陰で見落とすことはないが、水路だけであれば気づかずに通り過ぎているだろう。

それにしても「寝物語」とは一体何なのだろうか。その由来は、ここが宿場として機能していた当時、この水路（国境）を挟んで旅籠が並んでおり、宿に泊まった旅人は、違う国にいる隣人と壁越しに寝ながら話ができた……という逸話からきているらしい。その並んでいる宿は、歌川広重の「木曽街道六拾九次 今須」の浮世絵にも国境の碑と共に描かれている。それほどに距離が近いのに異国。なんともロマンを感じる。ぜひまたそういう宿をつくってくれないものか……。

伊吹山

寝物語の里から県境を北へたどると、境界線は関ケ原を越えて山塊へ突入し、中部近畿圏の人には馴染みのある山にたどり着く。伊吹山だ。伊吹山地の主峰で、標高は1377m。古事記や日本書紀にもその名前が出てくる歴史のある山で、日本《やまと》武尊《たけるのみこと》が伊吹山の神に敗れたという伝説がある。言い伝えはともかく、伊吹山は、かつての中央政権があった「畿内」から見ると、その外である近江国のさらに東の果てにあり、向こう側は不

東西日本を見渡せる空の県境

破関を越えて東国となる。半独立峰として壁のように塞がるその山容は、当時の都人から見れば「世界の果て」のような印象があったかもしれない。

　現在ではドライブウェイが9合目まで通り、気軽に山頂へハイキングに行ける人気の観光地となっている。条件が良ければ西側は琵琶湖をはじめ対岸の比良山地、比叡山、東は濃尾平野とその向こうの中央、南アルプスまで見ることができる。東西南北、四方に遮る山はないので、眺めは抜群に良い。

　しかし、折角の眺望があるにもかかわらず、目線を彼方の地平線ではなく、すぐ足元の地面に向ける者達がいる。県境マニアだ。彼らにとっては眺望も良いが、県境の標識と境界石が何よりも眼福なのである。筆者も県境があるであろう、山頂を越えた東側の尾根を下った辺りでくまなく見渡したが、残念ながら県境の標識や境界石などは見あたらなかった。地図上では尾根に沿って県境が走っているので、地形を見て、あとは想像力で補っていこう。

山頂東にある北尾根周辺。この尾根沿いに岐阜県と滋賀県の県境がある。

ドライブウェイには、所々カントリーサインがある。写真奥の山が伊吹山。

県境ツアー

東海編

2

JR東海 新所原駅 ～ JR東海 小和田駅

JR Tokai Sinjohara Str.
~JR Tokai Kowada Str.

大昔は街中でも未舗装路が普通にあったが、今は林道でもアスファルトで舗装された所が増え、車で行けない場所はないのではと思えるほどに道路の整備が進んだ。しかし、何にでも例外はある。ここでは車よりも鉄道で訪れた方が良い……と、いうより、鉄道でしか行けない場所にある、鉄道駅の県境を訪ねてみよう。

JR東海管内にある県境の駅を巡る

実はホームを県境がまたいでいる?! 県境の駅

TOUR SCHEDULE

JR東海 新所原駅
←
JR東海 小和田駅

JR東海 新所原駅

先に「鉄道でしか行けない」と書いておいて恐縮だが、ここで紹介する「JR東海 新所原駅」は普通に車で訪れることができる。しかしこの後で紹介する「小和田駅」へ行くためには鉄道が必要なので、一緒に巡るならここから鉄道に乗ってしまった方が都合が良い。

東海道線の静岡地区といえば、〝18きっぱー(青春18きっぷを駆使する乗り鉄)〟にとって試練となるエリアだ。理由を上げるとそれだけで紙面が尽きるので説明は省くが、その苦行が終わる静岡県最後の駅が新所原駅であり、乗り鉄にとっては救いの駅である。

この駅に実は県境がある。しかし具体的にどこを県境が走っているかははっきりしなかった。取材でJR東海や天竜浜名湖鉄道の方に話を伺っても、判然とせず、モヤモヤが募るばかりであった。

その場所がようやく分かったのは、駅前の交番を訪ねた時であった。「(1番線の)ホームの上に県境があります」と、番をしていた壮年の警官はいう。街中を県境が通っているため、110番通報があって事件の場所が相手側の県だった場合は、連絡して引継ぎをするという取り決めがあるらしい。このように管轄にうるさい警察がいうのだから信憑性は高いだろう。

そう思われたが、その後の調べで、新所原駅のホームに県境はかかっていないことが判明した。別に交番の警官がウソをいっていた訳ではない。情報が古かっただけだ。1番線のホームは短縮された過去があるため、昔はホーム上に県境があったかもしれないが、今はない、というのが正確なところらしい。残念だが、それでも構内に県境が通ってい

県道3号にある静岡県と湖西市のカントリーサイン。実際の県境は、後ろの駐車場の角にある。

JR東海 新所原駅。写真左は天竜浜名湖鉄道の新所原駅。

小和田駅全景(筆者による絵)。現在、右のホームは使われていない　。

る駅として、こちらの駅を訪れるのも良いだろう。

「やはり県境の証を見たい！」という方は、近くを走る県道3号まで行こう。そこには静岡県湖西市と愛知県豊橋市のカントリーサインと、豊橋市の鋲や所属不明の境界標石がある。

JR東海 小和田駅

「秘境駅」というのは牛山隆信氏が提唱した造語であり、氏の著書「秘境駅へ行こう！」で鉄（鉄道趣味者）達に定着した、鉄道趣味としては比較的新しいジャンルである。

そのなかでも秘境度、列車ダイヤの薄さ、駅舎の味わい深さと、ポイントが高く人気のある秘境駅がJR飯田線の「小和田駅」だ。鉄達には秘境の駅として「大人気」であるが、

三県境にして超有名秘境駅

県が出している「静岡県統計年鑑2019（令和元年）」の資料によると、小和田駅の一日平均乗者人員はたったの3人。大変秘境らしい数字である。

しかし、それでもこの数字は驚異である。なぜならこの駅を利用する地元住民は存在しないのだから。今は人家もなく、駅に取りつく道も下流の佐久間ダムの建設によって、大昔に集落もろともダム湖の下に沈んだ。この駅へ至るには険しく狭い山道を徒歩で1時間近くかけて来るしか手段がなく、わざわざ利用する人もいない。そんな駅で「1日に3人も」乗る人がいる。なんとも驚異であり、奇異な事実だが、これはおそらく秘境駅に魅せられた鉄道ファンたちであろう。

そのなかには県境マニアも混じっているかもしれない。なぜならこの駅は秘境駅であると同時に、三県境の駅としても知られている。ホームには「三県境界駅」と「静岡県・愛知県・長野県」の3県の県名の入った標識が建っているのだ。ここまで読んで、新所原駅のように「ホームに県境が?!」……と、期待してしまった読者には申し訳ない。実際の所は駅構内に県境はなく、駅の下を流れる天竜川の中に県境が設定されているので、船を出さない限り行くことはできない。木々の合間から見え隠れする天竜川を見下ろし

て、県境を想像して楽しもう。

　ちなみに、この駅にはもう一つエピソードがある。「小和田駅」の漢字が、皇后陛下の旧姓と同じであることから、平成5年（1993年）当時、ご成婚ブームでこの駅に訪問者が殺到した。地元も盛り上がり、当時の水窪町がカップルを公募して、駅では十二単を着ての結婚式まで行われた。今もそのブームの残滓が、駅とその周辺に残っている。

　最後に、この駅を訪問する時は時刻表の確認だけは怠らないでいただきたい。秘境駅の称号は伊達ではない。ヘタをすると、何もないうっそうとした場所で長時間過ごすことになる。それもまた一興であるが。

ホームにある三県境界駅と三県の県名標（筆者による絵）。

駅近くにある「愛」の文字が入ったベンチ。ご成婚ブームの名残である。（筆者による絵）。

駅の下を流れる天竜川。写真奥の川面に3県境があると思われる。

県境ツアー

近畿編

1 伊丹空港〜暗峠

Itami airport
~Kuragari-toge

山城、大和、河内、和泉、摂津の旧5ヶ国はかつて畿内とよばれ、東西日本の交通の要所であり、日本の政治と文化の中枢であった。ほかのどの地方よりも多くの人と物が行き交い、歴史が動き続けた地。今の県境には当時のフレーバーが遺る程度ではあるが、日本史の中心に長くあった土地を、境界を歩くことで感じてみよう。

商都と古都の“ヘリ”を巡る旅

TOUR SCHEDULE

1日目 伊丹空港 ← 能勢妙見山 ← 山崎駅 ← 登仙台 ← 髭茶屋追分

2日目 三国塚 ← 国境食堂 ← イオンモール高の原 ← 生駒山上遊園地 ← 暗峠

1日目
FIRST DAY

伊丹空港

正式には「大阪国際空港」というが、今日では伊丹空港という愛称の方で親しまれている。国際空港の名称もすでに有名無実であり、国内線の基幹空港として、関西の空の玄関として、出張や旅行や帰省などでおおいににぎわっている施設だ。その空港が、実は大阪府と兵庫県の県境の上にあるという事実は、空港を利用されたことのある方ならなんとなく知っているであろうし、特段驚くに値しないだろう。しかし伊丹空港にはそれだけではない秘密がある。

空港の下は境界線のパッチワーク?!

空港外観。一見すると普通の空港である。

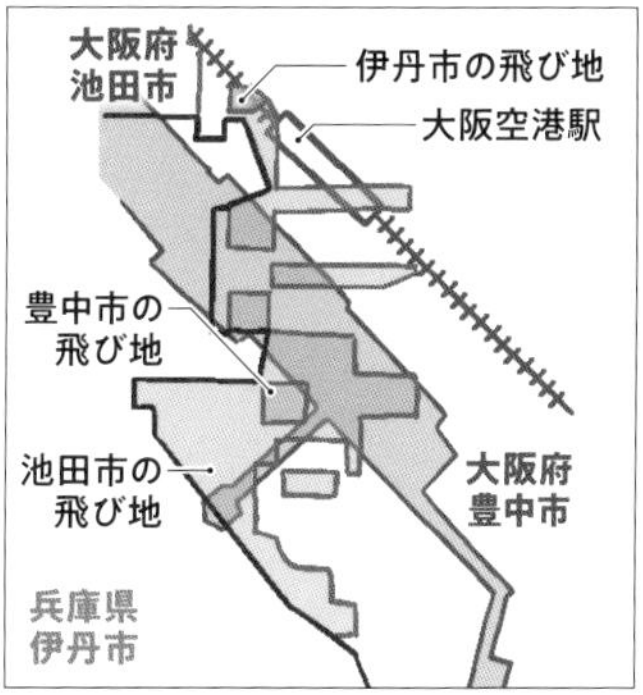

伊丹空港のターミナル。直線的なの県境と市境が入り乱れ、まるでパッチワークのようだ。

地図をさらに細かく見てみると、大阪の池田市と豊中市、そして兵庫県の飛び地が入り乱れていて、豊中市の飛び地に至っては池田市の飛び地の中にある。つまり「二重飛び地」となる複雑な様相を呈しているのだ。それも不自然なほどに直線に囲まれた土地で、これはさながら境界線のパッチワーク、県境の箱根細工だ。

どうしてこのようなことになっているのだろうか。

それには、大阪という太古から人が多くいた土地ならではの歴史的事情が絡んでくる。古代と中世に行われた「条里制」と「太閤検地」だ。「条里制」とは、土地を1町（約109m）四方に整え1坪《つぼ》とし、さらにその中を10に分け、それを1段《たん》とする施策である。これにより土地の開墾面積が把握しやすくなったという。この「条里制」により、村が直線の境界線で区切られるようになった。その後の「太閤検地」は、時の太閤、豊臣秀吉が行った政策で、田畑の耕作面積と直接耕作者を整理し、なおかつ税を正確に徴収しやすくするため、村を小さく分割して管理したものだ。「太閤検地」を受けて、村は四角い境界線をもつ無数の小さな村と飛び地に分けられることになった。

空港内にある警察の警備派出所には、管轄の違いを示すためにこのようなプレートがある。

　それから数百年が経った明治以降になると、今度は市町村の合併が繰り返されるようになり、こま切れだった村々が次々とくっついた。最終的に伊丹市、池田市、豊中市の3市におさまったが、飛び地は解消しきれず、その断片が今もこうして残っている。

　空港のターミナルビル内を歩くと、いくつもの境界線をまたぐことになる。歴史を知った後では、昔にあったかもしれない農民と為政者の年貢を巡る駆け引きを想像してしまう。ビル内に境界線は一切示されてはいないが。

府県境に建つ飛び地境内のお寺

能勢妙見山

能勢《のせ》妙見山《みょうけんざん》はそれ単独のお寺と思われるかもしれないが、正式には「無《む》漏《ろ》山《さん》眞如《しんにょ》寺《じ》境外《けいがい》仏堂能勢妙見山」といい、北の方にある「関西身延《みのぶ》眞如寺」の飛び地境内である。なぜ離れた場所に境内地をもつようになったのか、それにはこのようないきさつがある。

　この地にはかねてから北極星信仰があった。それは奈良時代、天から星がこの山に降りてきて、それを行基菩薩が為楽山《いらくさん》（現在の妙見山）の大空寺に祀ったという伝説から始まる。平安時代になると、一帯を統べる能勢氏が北極星の神である「鎮《ちん》宅《たく》霊《れい》符《ふ》神像」を厚く祀り、北極星信仰がさらに長く続くこととなった。能勢氏は戦乱で一時領地を失ってこの地を追われたが、関ケ原の戦い以降再び返り咲く。お家再興が叶ったことで、信心をさらに深くしようと日

山門にある府県境の表記。

鳥居の手前に表示されている府県境。

蓮宗の本山から日乾上人《にっけんしょうにん》を招いた。そうして開いたのが「眞如寺」だ。ちなみに、関西で唯一、日蓮上人の御真骨を奉安しているお寺である。その後、能勢氏が代々祀ってきた「鎮宅霊符神」を「妙見大菩薩」として上人自らの手で彫り、領地が一望できる為楽山の山頂（大空寺跡）に祀った。それ以後この山は妙見山とよばれるようになった。

　本山と境内地が離れているのはこのような訳であるが、県境との関係はどうであろうか。

　為楽山には奈良時代に行基菩薩が開いた大空寺というお寺があったが、その時代にはもちろん県境はなく、旧国名でいえば摂津の国であった。摂津は今でいう大阪府と兵庫県にまたがる国だったので、当時でも国境はなかったと思われる。古い神社仏閣ではよくある「県境が後から設定された」パターンの場所だ。境内に境界線こそ描かれてはいないが、山門と参道それぞれに県境を示す境界標が拝めるのは、北極星、あるいは妙見菩薩の御慈悲であろうか。

ＪＲ山崎駅

県境をまたいでホームがのびる駅

　東海道線の西方、京都駅と大阪駅間を特に「ＪＲ京都線」とよぶ。国内第二の都市大阪と、観光客が年中殺到する京都の間は当然大量の人の行き来があり、その輸送はＪＲのみならず、阪急や京阪など私鉄の競合ひしめくドル箱路線だ。日中でも15分間隔で列車が往来しているＪＲ京都線だが、そのなかに県境的視点から見て極めて珍しい駅が存在する。それが「ＪＲ山崎駅」だ。ホーム上に京都と大阪の境であることを示す府境標が堂々と設置されている駅は、鉄道王国日本といえどもまれである。

「山崎」とくると酒好きは琥珀色の液体が詰まったあの瓶を連想すると思うが、まさしくその蒸留所があるのもここだ。駅の大阪側にのびる線路が緩やかなカーブを描き、「撮り鉄」の間ではサントリーカーブとよばれる撮影地としても有名になっている。近年はその人気が災いし、線路脇に高いフェンスが設置されて写真が撮りにくくなってしまったが。

　歴史好きの御仁なら「山崎の戦い」が出てくるであろう。「本能寺の変」で織田信長を討った明智光秀と、訃報を受けて中国から引き返してきた

ホーム上に府境標があるが、そこに注目する人はまれだ（筆者による絵）。

豊臣秀吉の軍勢がぶつかった戦だ。

そんな県境好き、鉄道好き、酒好き、歴史好きの注目が熱い地ではあるが、駅自体は2面4線（内、乗降は内側の2線のみ）と至って普通。ＪＲ西日本名物の新快速も停まらず、乗降客数ではＪＲ京都線で最も少ないローカルな駅となっている。駅前もかろうじてバスが転回できる程度の広さ。駅舎の隣にあるコンビニが「デイリーヤマザキ」なのは偶然の一致だろうか。

山崎駅ホームにある府県表。2016年にリニューアルした。

余談だが「山崎の戦い」では天王山が戦いの趨勢を決めたといわれ、そこから「天王山」が物事の分岐点や境界の代名詞となった。天王山は山崎駅のすぐ北にあり、いかにも京都と大阪の境目でありそうな雰囲気を出しているが、実際には府境から１５０ｍほど京都府側にその頂きがある。解せぬ。

山城と近江と比叡山 歴史スポットを ひとまたぎ

登仙台

京都市内から見える山というと、「五山送り火」で有名な大文字山がまず目につく。そのさらに北へ目を向けると、周りの山々より頭一つ抜いていかつい姿をしている山がある。「比叡山」だ。比叡山とくれば、接尾語のように延暦寺とついてくる。先の妙見山もしかり、お寺を「〇〇山」とよぶことがあるが、仏教にとって山とは信仰の対象だ。俗世から離れて修行をするのに適している清らかで神聖な場所であり、象徴なのである。比叡山も人里離れた修行の地で、延暦4年（７８５年）に最澄が小堂を建ててから、天台宗の総本山として今も日本仏教の重要な地位にある。そんな山を行く道路が「比叡山ドライブウェイ」だ。

　比叡山ドライブウェイは、比叡山の南側、滋賀県大津市の田ノ谷峠から延暦寺と山頂までを結ぶ有料道路。延暦寺からさらに北、比叡山を降りた琵琶湖沿岸の仰木までは、奥比叡ドライブウェイという別会社の有料道路と接続している。

　比叡山は山城国と近江国とを分ける山で、道路からの見晴らしはとても良い。「登仙《とうせん》台」とよばれる駐車場では山城、近江両国を一望できるパノラマを楽しめる。さらに最高なのは、駐車場の舗装に「京都・滋賀」と府県名、そしてそれを分ける県境のラインが引かれている点だ。ラインをまたぎ、両府県に足を置く。歴史ある京都と滋賀を眼下におさめ、地を踏みしめる快感はほかでは味わえない醍醐味だ。

駐車場に描かれた両府県名と県境のライン。ご丁寧に「県境」とまで書かれている。

登仙台から京都市内を望む。比叡山は平地からでもその山容を確認できる。当然、そこを走る道路からの眺めの良さも想像に難くない。

“五十三次”と“五十七次”の分岐県境

髭茶屋追分

県境というと、山の尾根だったり川の中だったりと人の生活圏から離れている印象があるが、何事にも例外はあるもの。こちらの県境は住民の方々が生活で使う道路のど真ん中を通っているのだ。その場所は京阪鉄道京津線追分《おいわけ》駅のすぐ近く。ちなみに「追分」という地名は全国にあるが、元々は「馬子が（行く先別に）牛や馬などを〝追い〟、〝分け〟る場所」という意味だったものが、いつしか街道の分岐点を指す言葉になったという。

追分駅のすぐ南に国道1号線のバイパスがあり、絶えることのない車の往来で、その騒音たるや著しい。こんな場所で生活できるのかと心配になるが、バイパスから小道に入って住宅地に出ると、その喧噪も遠くなり、杞憂にすぎないことがすぐに分かった。

「追分」の由来である街道の分岐点。標識は滋賀県と京都府の地名が交錯してややこしい。

住宅地を通る何げない生活道路に見えるが、実はこの道こそがかつての物流の大動脈、東海道の旧道なのである。そういわれて改めて通りを眺めると、瓦ぶきの家並みになんとなく歴史の風情を感じる気もしてくる。

通りに立って地図を確認すると、やはりこの道の真ん中を県境が通っていることが分かる。通りの北側が滋賀県大津市の追分町。南側が京都府山科《やましな》区の八軒屋敷町と髭茶屋《ひげちゃや》

現地で地図アプリを立ち上げて県境を確認。両県が道を真っ二つにしている。

屋敷町。敷地に入らないように細かく確認すると、住所表記もその通りになっていた。

　通りのお向かいさんは隣りの県の人。一体どのような心境なのだろう。できればお話を伺いたかったが、筆者が訪れた時は通りを歩く人は誰もいなかった。静かすぎるのも問題である。

　さらに道を進むと、ここが街道であることを示し、「追分」という地名の由来となった場所に着く。それが「追分の道標」だ。ほかの追分と区別するため、髭茶屋という地名にちなんで「髭茶屋追分」とよばれることもある。Y字路になった二股の所に二本の石標が建っている。向かって右側は東海道と伏見（奈良）街道を分ける追分の道標。左にあるのは蓮如上人《れんにょしょうにん》御塚の道標。蓮如上人御塚とは、山科本願寺を再建した浄土真宗の高僧、蓮如上人のお墓のことだ（蓮如上人については65ページで詳しく紹介している）。道をまっすぐ進むと京都の三条大橋へ向かう東海道五十三次で、ここを左へ折れると伏見（奈良）街道となり、東海道五十七次で大阪へ至る。

　当時はたくさんの人と物が行き交った街道の要衝も、今は通る人も見かけない静かな住宅街。時の流れを感じずにはいられない県境だ。

2日目
SECOND DAY

三県の境は塚の上?!

三国塚

京都府と滋賀県は比叡山を境にしているので、〝隣県〟というイメージを持つ人は多いと思う……が、三重県はどうだろう。中部地方に区分される三重県は京都府から離れている印象がある。しかし、京都府と三重県は7㎞に満たない長さとはいえ、実は隣接しているのである。ちなみに「三重県は中部地方」というのも曖昧で、三重県のホームページによると、「近畿圏整備法（昭和38年）」の近畿圏、「中部圏開発整備法（昭和41年）」の中部圏のどちらにも三重県は含まれているらしい。よって三重は近畿地方と中部地方どちらにも振り分けられることがある珍しい県だ。

　その三重県を含んだ三県が隣り合えば、三つの県境が接する場所もできる。それが「三国塚」だ。忍者で有名になった甲賀と伊賀の間の地味な山の上にある。余談だが近くには、本能寺の変で織田信長が討たれたことを知り、堺から三河国へ逃げようとした徳川家康が、伊賀忍者の案内で命からがら通ったという逸話のある「御斎峠《おとぎ》」がある。また、伊賀盆地を見晴らせる「伊賀盆地絶景展望台」という県境スポットもある。

　三国塚は公共交通機関から離れた場所にあり、車と自転車以外ではたどり着くことは困難である。逆にいうと、車であれば容易に行くことができる。日本には本格的な登山をしなければ行くことのかなわない高峰の三県境も少なくないが、すぐ真下まで道路が通っているこちらは、それこそ散歩気分で到達できるありがたいスポットだ。とはいえ、車を降りたら舗装路はないので、ヒールやサンダルで行くのはお勧めしない。

展望台は、眺めは期待できないが、休憩するのには良さそう。

　三国越という峠から急斜面を上がると、3分ほどで展望台に着く。東《あずま》屋があり、休憩もとれるものの、周りの草木が邪魔で期待するほどの展望は得られない。合併前の旧島ヶ原村が設置した眺望の案内板があるので、それを見ながら後は想像力で補おう。

　展望台からさらに先に道があり、本格的な山道になる。結構登るが、それも数分の辛抱だ。ほどなく開けた場所に出る。広場の中央には、こんもりと盛られた塚のようにも見える小高い山があり、上に三県境を示す境界石が埋められている。その後ろには、ありがたいことに「三国塚」と書かれた手書きの銘板と、「山城・近江・伊賀・三県境」と書かれたアクリル版も置かれている。油性ペンで書かれたそれらは、筆者が訪れた時には風雨にさらされてかすれ、判読が難しい状態だった。しかし、こういうものがあると県境に来たという実感が湧いてマニアにはうれしいものだ。石の手前には、「三国交点」の文字と県名が書かれたプラスチック製の杭がある。いかにも三県境の境界杭に見えるが、これはワナだ。個人が打った物らしく、境界石としては何の効力もない。しかし、銘板がほとんど読めなくなっている現状では、三県境を強烈にアピールしてくれるモノではある。

　さて、境界石に足をかけるのはタブーである。塚の上に立ち、三県境を股にかけて眺めを得ようとしたが、周りに木々が茂っていてまったく景色は見えなかった。

開けた場所に塚のようなものが。この上に三県境の境界標石があった。

国境という名のフードバトル

国境食堂

京都府と奈良県は、奈良盆地の北部で府県境を接している。旧国名でいえば山城国と大和国。645年に元号を大化として律令制をしく以前から都があり、まさに国の中心となっていた地だ。世界最大の木造建築物である大仏殿をもつ東大寺、大小無数にある古墳群、平城京跡など、歴史を意識するスポットも枚挙にいとまがない。

　そんな歴史ある土地に、1軒の飲食店がある。その名も「国境食堂」。国境……なんと甘美な響きだろう。私達県境マニアは「境」だの「堺」だの「国界」だのという言葉にめっぽう弱い。名称にその手の漢字が含まれていると関心を向けずにいられない生き物なのだ。前世で何かあったに違いない。

　店舗の外観は木造に重厚な瓦ぶき屋根と、これ以上ないほどに和風のたたずまい。行燈を模した看板も建物に似合っている。入り口には麻のような薄い布ののれんが掛かっているが、筆者が訪れた時には3枚に分かれたのれんの中央と左の布が擦り切れてなくなっていた。引き戸の取っ手がある関係上、その部分が先に摩耗したと思われる。唯一無事である右の布には「奈良と」と書かれていた。真ん中と左の、布が残っている部分には「亠（けいさんかんむり）」「口（くにがまえの上半分）」がどうにか読み取れる。なくなった部分には何と書かれていたのだろうか。県境にまつわる情報である、マニアとしては無性に気になる所だ。ちょっとしたクイズに挑戦する感覚で、失われた部分を想像で補完することにしてみた。

和なテイストの店舗外観。入口に件ののれんがかかっていた。

　建物があるのが奈良県で、お店の名前は国境食堂。そして県境を挟んだ向こう側は京都府。残った「けいさんかんむり」と「くにがまえ」。ここまでヒントがそろっていれば、この穴を埋めるのは簡単だった。おそらくのれんには「奈良と」「京都の」「国境」と書かれていたに違いない。なお、2022年6月現在はのれんが掛け替えられ、きれいなものになっている。

　のれんをくぐり店内へ。中央にテーブル席があり、小上がりがそれを囲むように壁に沿って並ぶ。外観と同じく内装もいかにも和食を供しそうな雰囲気である。メニューを見ると、うどんとそばを主軸に、カレーやとんかつなども扱うようだ。

　何を頼むか迷ったが、とん

かつ定食（大）を注文してみた。ミニうどん付きにしようかとも考えたものの、初めてのお店なのでまずは基本からにしてみた。そう待たずに料理が来て……絶句した。お皿にとんかつが3枚ものっているのだ。ちなみに普通のとんかつ定食は1枚である。その計算で行けば料金は3倍近くになっても良さそうなのだが、実際は2倍もいかない、五百円多いだけである。国境では計算式が変わるのだろうか……。

とんかつ定食(大)。小食の人は頼まない方が無難な量である。

　料理は手伝ってもらいながらもなんとか完食した。食べている最中、ミニうどんを付けなくて本当に良かったと、あの時判断した自分を褒めたい気持ちでいっぱいだった。料理は私の舌に合うもので美味しくいただけた。後で調べてみると、このお店は大盛りで有名らしいとわかったので、小食の方はメニューに（大）とあるものは控えるのが賢明であると、経験者としてアドバイスしておきたい。

　最後にこのお店の名前の由来であるが、お店の方に伺うと、やはりここが京都（山城）と奈良（大和）の国境に近いことからきているそうだ。実際の県境は、道路沿いを380m北へ向かった所である。

西日本を代表する県境の殿堂

イオンモール高の原

県境を巡っていると、ふとこんな疑問が浮かぶようになる。「もし隣り合うお店が違う県に建っていたら、一体どうなるのだろう？」県境に関心をもつ多くの人が思うことではないだろうか。隣り合うお店が違う県だとしたら、電気や水道はどちらから引いているのか？　ゴミも別々の自治体に出すのか？　電話番号は？　税金は？　等々、考え始めるとさまざまな問題が出てくる。県境というものはこのような面から見るとなかなか厄介である。

　隣り合っているだけなら個々のお店が対処すれば良いが、それが一つの施設だとしたらどうだろう。諸問題をクリアする労力を考えると、県をまたいで施設をつくるというのはできるなら避けたい、というのが事業者と行政の本音かもしれない。実際、県境をまたいでいる施設は全国を見渡してもそれほど多くはない。

　そう、多くはないだけで、ない訳でもない。ここイオンモール高の原は、例外的に県境をまたいだ大型商業施設である。

ショッピングモールの床に派手な装飾で県境のラインが引かれている（2016年当時の様子を描いた筆者による絵）。

近鉄京都線高の原駅を降りて跨線橋に出ると、すぐに巨大な建物が目に入ってくる。イオンモール高の原はショッピングモールとしては珍しく、駅から徒歩1分という好立地にある。敷地面積4万7千㎡、延べ床面積12万5千㎡を超え、地下と屋上駐車場を含めた全6層に百数十店舗もの専門店が入り、広大なフードコートや映画館もある一大商業施設だ。

大きな建物の中に県境があるというだけでも希少だが、ここがマニアの間で「県境の聖地」ともいわれる理由はそこだけではない。なんとフロアに京都府と奈良県の府県境が描かれているのだ。それもメインフロアだけではなく、地平と屋上駐車場も含めた全フロアにである。

トイレ前の通路にまで線が引かれているという念の入れようで、これほど大規模に境界線を可視化してくれている場所は、おそらく全国でもここが一番ではないだろうか。

なぜここまで施設内に徹底的に線が引かれているのだろうか。それは警察からの申し入れがあったからだという。両府県警とも県境をまたぐ商業施設が管轄にできるのは初めてで、もし事件・事故が起きた時、どちらが受け持つことになるのかハッキリさせたかったのだそうだ。もし事件が起きた場合だが、まずは住所地である木津川署が駆けつける。その後、事件が京都府と奈良県のどちら側で起きたのかが確認され、以後はその所轄が担当する決まりになっている。事故が起きた時も同様で、駐車場にラインが引かれているのはそのためである。市民の安全と警察の仕事は、まさにこの線一つで決まるのである。

ちなみにイオンモール高の原における電気やゴミなどの問題であるが、これは分野によりさまざまで、電話番号は市外局番「0774」で統一。各店舗のゴミは所在する府県に分けて出し、水道も別々になっている。

さらにいうと、奈良県の地名「高の原」を冠した施設で

屋内だけでなく、駐車場にも県境のラインが引かれている。

あるにもかかわらず、住所は京都府木津川市だ。これは敷地面積の7割以上と事務所、そして正面玄関が木津川市にあるためで、こういう所もまたややこしさに拍車をかけている。やはり県をまたぐ施設はできればつくりたくなかっただろう。しかるにこの施設が県境をまたいでいる理由は、駅前の土地をここ以外に用意できなかったからといわれている。立地の便利さと運営の煩雑さ、その混沌とした状態も県境ゆえである。ほかにはない県境の側面を味わえるスポットだ。マニア以外は気にも留めない側面だが。

昭和レトロの息吹を感じる山頂の楽園

生駒山上遊園地

生駒《いこま》山は生駒山地の主峰で、奈良盆地と大阪平野を壁のように分けている。どちらからも良く見えるので、両府県民に親しまれている山だ。目立つ山なので、大昔から各宗派のお寺や神社が多く建てられて人心を集める一方、その険しい山体は国を分ける場所にもなった。大和国と河内国。今もその山腹には多くの宗教施設がありつつ、奈良県と大阪府の境となっている。

生駒山は標高642mとけっして高い山とはいえないが、その地形は険しい。次の県境スポットとして紹介する「暗峠《くらがりとうげ》」に至る道などは大変に勾配《こうばい》の厳しい坂道で、非力な軽自動車では登るのに苦労することと請け合いである。それにもかかわらず山腹の神社仏閣へ詣でる人が多いので、奈良県側には早くからケーブルカーが施設された。日本初のケーブルカー「生駒鋼索線（当時）」だ。開業は大正7年（1918年）なので、すでに1世紀が経つ。現在は近鉄に社名が変わって「近鉄生駒鋼索線」という名称になっている。余談だが、このケーブルカーは山麓側の宝山寺線と、山頂へ行く山上線に分かれている。特に宝山寺線は、ケーブルカーには珍しく複線だ。周りはすっかり宅地化されていることもあって、近隣の生活通勤路線として使われているほか、自動車が渡れるものを含めて3つも踏切がある。車両も大変ユニークなので、鉄道に興味のある人は是非乗ってみてほしい。

ケーブルカーの終着駅を降りると、目の前に遊園地のゲートがあり、その向こうに広大な園地が見えてくる。「生駒山

県境が通っている場所の推定。おそらく園内はこのように奈良と大阪に分かれていると思われる。

上遊園地」は、奈良県内に残った最後の遊園地だ。山頂の平らな部分を使った施設で、緑豊かな庭園、カラフルな遊具と舗装路、昭和的な懐かしさを覚える鮮やかな装飾の建物などでにぎわっている。大阪市内も一望できるとあって、天上の楽園といえば大げさかもしれないが、人生のごく一部をここで憩うにまったくやぶさかではない。さらに素晴らしいことに入園も無料なのだ。完璧だ。金沢の兼六園は「宏大・幽邃・人力・蒼古・水泉・眺望」の六勝を兼ねるといわれているが、この生駒山上遊園地も「眺望・遊戯・清涼・鉄塔・無料・そして境界」の六勝がある。筆者の価値観ではまったく引けをとらない名所である。おまけにケーブルカーまである。むしろこちらが勝っている。

ここの見所は実はまだある。一等三角点だ。それが据えられた場所も特筆ものである。なんとミニSLの軌道内にあるのだ。通常の山ならひっそりと据えられている一等三角点標が、ここでは遊具のそばという騒々しい場所にあるのも面白い。SLに乗り込む子どもたちは目もくれないだろうが。

最後に境界について記しておきたい。生駒市の都市計画図によると、この園内にはたしかに県境が通っている。その地点は園内の奥の方、サイクルモノレールの前にある。園内の案内図には各遊具や施設は示されているが、県境についてはまったく記述がない。地図を頼りにその場へ行ってみても、地面に境界線はおろか境界標も見当たらない。境界標石は、飲食店が並ぶほかの場所へ行かないとなかった。係員の方に尋ねてみたが、県境の存在は認知しているものの、こちらがその素晴らしさを熱く語ってみてものれんに腕押しであった。今からでも境界線を引いておくことを園にはお勧めしたい。もちろん私の個人的な趣味のためにも。

SL列車の軌道が取り囲む、珍しい立地にある一等三角点。

見晴らしの良い山には、一等三角点が良く似合う。

暗峠の全景（筆者による絵）。

古道にして 国道にして 酷道の県境

暗峠

道路には市道、県道、私道とさまざまあるが、そのなかでも群を抜いて重要な道路が国道だ。国土交通省によると、現在国道は459路線存在し、507号まで附番されているという。507号まであるのに459しか道路がないのはなぜかというと、欠番になっている道路があるからだが、国道について詳しく触れると深すぎて県境の紹介ができなくなるので、この程度にしておきたい。

石畳の街道に建つ江戸時代の境界標石。

ここで紹介する暗峠《くらがりとうげ》にも国道が通っている。それもとびきり珍しい国道だ。全国には、階段国道の339号、日本一短い（187m）国道174号、海上の国道58号などの変わり種の国道があるが、暗峠にある国道308号は、全国で唯一の「石畳の国道」である。江戸時代、参勤交代でここを通る殿様の籠が滑らないよう、この地に領地を持っていた郡山藩が施設したという。江戸時代から石畳になっているので、「国道を通した」というのは正確ではなく、すでにあった石畳の道を「国道に指定した」というのが正しいだろう。しかし、この道の歴史は実はそんなものではなく、江戸時代よりもはるか昔から存在していたことが分かっている。奈良時代、摂津国難波から大和国平城京までを結ぶ「暗越《くらがりごえ》奈良街道」の一部として整備されたのが始まりだ。平城京（710年〜）があった時代……歴史を感じるどころではなく、すでに考古学のスケールだ。少なく見積もっても1300年以上の時を抱えた古の街道である。かの松尾芭蕉が「菊の香に くらがり越ゆる 節句かな」という句を詠んだのが1694年といわれると、それがなんだか最近のことのように思えてくる。

大阪と奈良の間にはほかに

も峠道があったが、この道が最短路だ。街道がつくられた時代は、中国や朝鮮の使節が都へ行くのに使われ、江戸時代には参勤交代やお伊勢参りの庶民でにぎわい、近年までは大阪への通勤路として渋滞したという。

峠にある茶屋「すえひろ」の主人に話を伺うと、大昔この道はお伊勢参りの参拝者で人があふれ、20軒を超える旅《はた》籠《ご》があり、造り酒屋なども数件できるほどだったという。そこまで栄えた峠道だったが、大正3年（1914年）に大阪電気軌道（今の近鉄）によって生駒トンネルが開通すると、人の流れが大きく変わった。さらに昭和39年（1964年）に新生駒トンネル、平成9年（1997年）に第二阪奈道路の阪奈トンネルが開通したことで峠道の交通量は激減し、今の暗峠は往時の勢いが信じられないほどに閑散としている。

現在この場所を訪れるのは、生駒山地をトレッキングするハイカーや現地の生活者、あるいは国道マニアか、私達のような県境マニアくらいではあるが、役目をまっとうした街道の余生としてはそのくらいが丁度良いだろう。あなたがこの静かな街道へ行かれたら、石畳の国道に立ち、道のかたわらに〝最近〟設置された安政6年（1859年）の境界標石と「奈良県」「生駒市」と「大阪府」「東大阪市」の〝ごく最近〟できたカントリーサインを見て時代の変遷を感じていただきたい。

峠の茶屋「すえひろ」は、急坂を登り疲れた人にとっての憩いのオアシス（筆者による絵）。

県境ツアー
近畿編
2 高野龍神スカイライン～北山村
Koyaryujin-skyline ~Kitayama-mura

和歌山県は、旧国では紀伊国にあたり、古くは〝木国〟とよばれていた。東は伊勢国に接し、明治4年（1871年）の廃藩置県で熊野川から東が三重県（当時の渡会《わたらい》県）に編入された結果、村ごと飛び地となった珍しい場所ができた。新大阪駅で車を借り、県境の尾根にある人気のドライブルートを通って、その珍県境へ行ってみよう。

山深き木国の県境

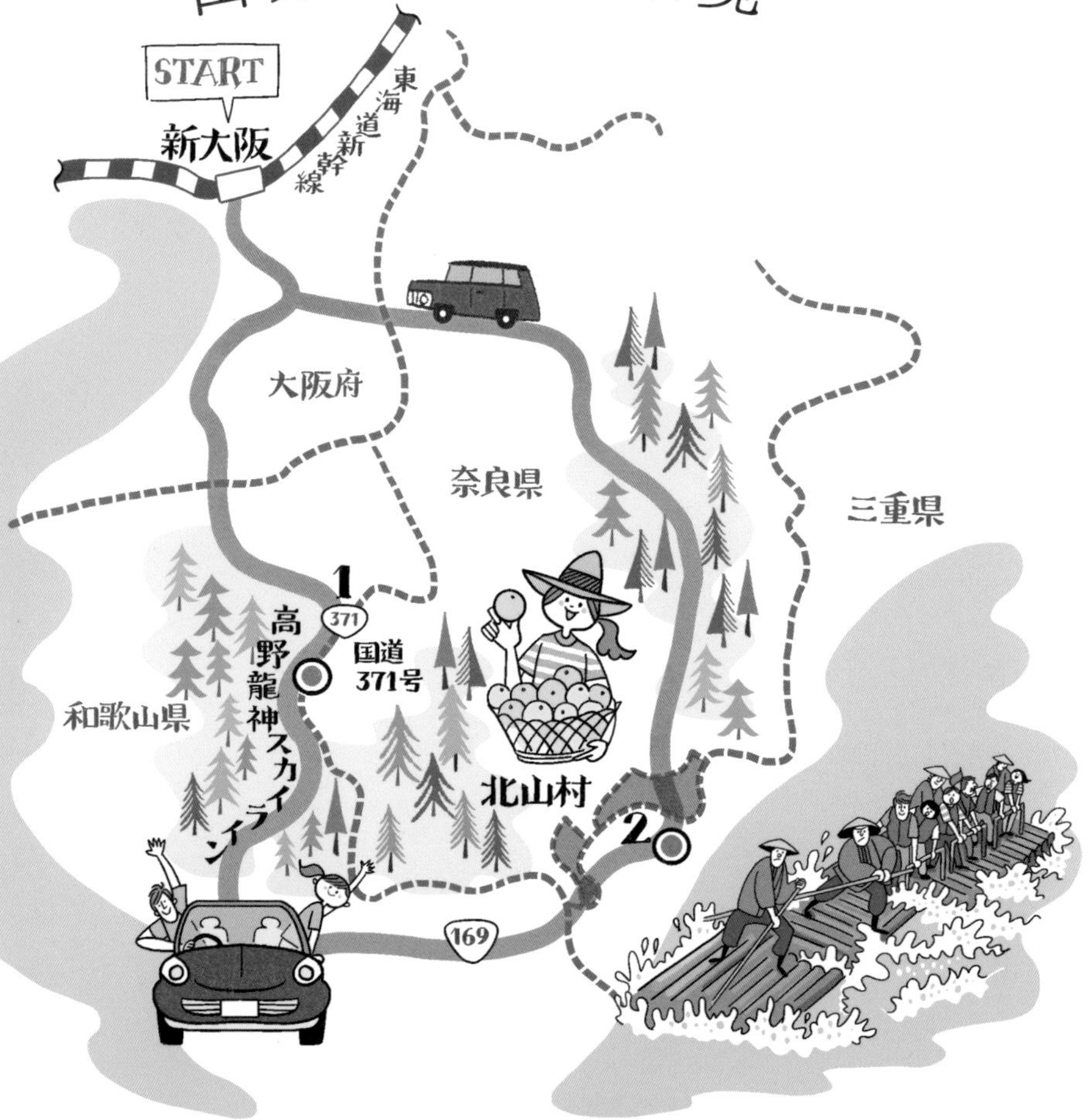

県をまたぐ数では 全国無双の大スペクタクル

TOUR SCHEDULE

国道371号
高野龍神スカイライン
←
北山村

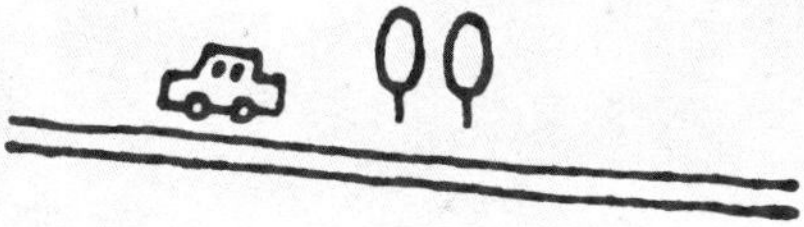

国道371号 高野龍神スカイライン

高野龍神スカイラインは、高野山と龍神温泉を結ぶ延長42・7㎞の道路で、1980年の開通当初は有料道路であったが、2003年に国道371号の一部になり、無料開放となった。全国には短い区間に県境を何度もまたぐ道路はいくつもあるが、またぐ回数でいうと、ここが全国ナンバー1だろう。その数はなんと26。ほとんどが「道の駅田辺市龍神ごまさんスカイタワー」の北側20㎞の区間に集中している。筆者も、自分で車を走らせた時の動画を確認してみた。県境が集中したエリアに入ると、何度もカーナビから県境を越えたアナウンスが聴こえてくる。その音声を数えてみると、28回であった。実際の越境回数よりも多いのは、県境が道路に触れただけで、横切らない場合でも反応するからだろう。とにかくカーナビがにぎやかになる。

この道路が県境を何度もまたぐことになったのは、和歌山県の最高峰である護摩壇山《ごまだんさん》をはじめとした、奈良県との県境である山の尾根を削ってつくられた道だからだ。そのため見晴らしも良く、ドライバーやライダーに人気のドライブルートになっている。それだけではなく、見通しの良さから電波の送受信にも都合が良いため、無線マニアの人達もこの道路周辺に集まる。筆者が取材に訪れた日は、沿道の「鶴姫公園」の駐車場に、アンテナを高くのばした車が何台も停まっていた。

もちろん、私達のような県境マニアにも有名なスポットなので、シーズンになると車両が集中して渋滞も起きるらしい。また、警察の見回りもそれなりにあるので、県境で気分が上がるあまりスピード

ごまさんスカイタワーから見たスカイライン。

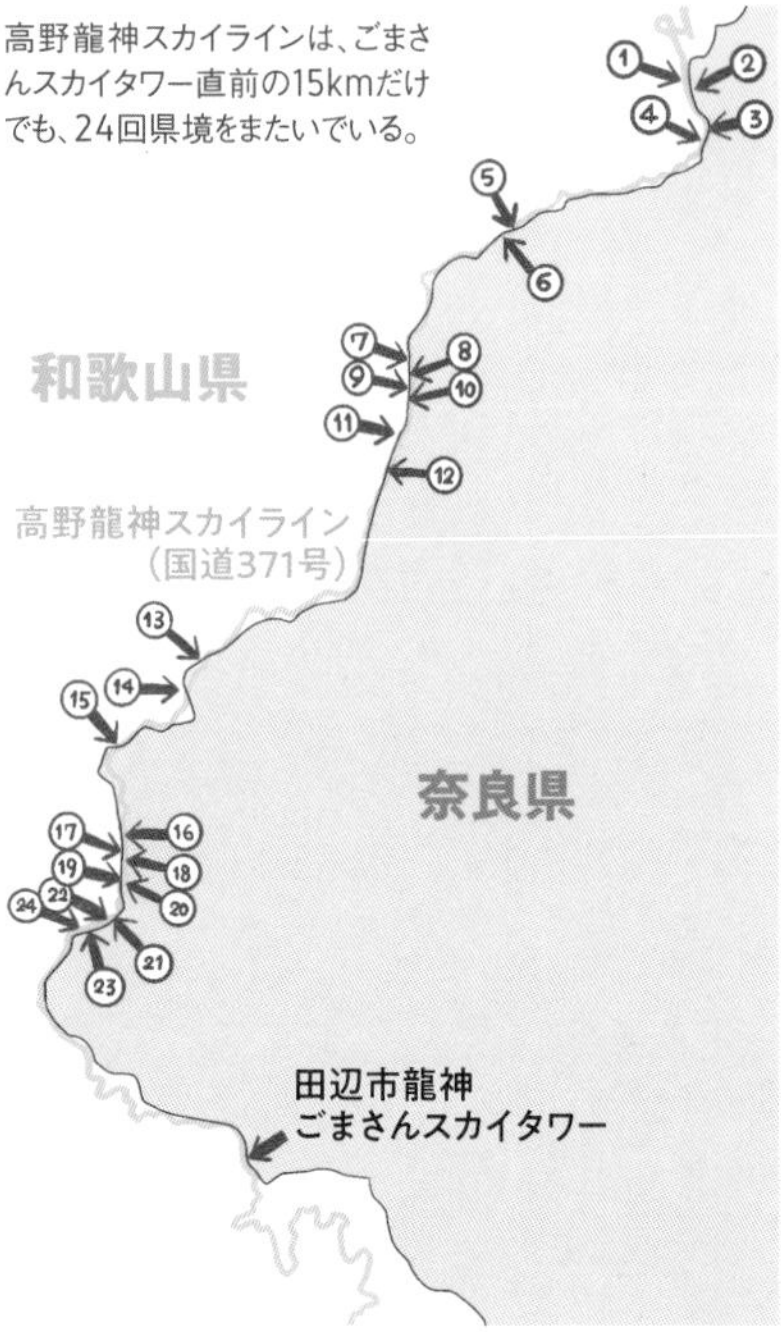

県境には、このような県境標が設置してある。

を出しすぎないよう、安全運転で越境しよう。ドライブの終点には、道の駅「田辺市龍神ごまさんスカイタワー」がある。お土産の購入ができるので、休憩がてら寄ってみるのも良いだろう。スカイタワーの名のとおり展望塔もあり、有料（300円）ではあるが、和歌山県で最も高い場所からの景色を堪能できる。

北山村

国内最大で唯一の、自治体まるごと飛び地！

和歌山県周辺の地図を見ていると、三重県と奈良県に接する辺りに違和感をもたないだろうか。県境を示すラインが、二重に見えるのだ。拡大してみると、三重県と奈良県に挟まれて和歌山県が飛び地として存在しているのが分かる。しかも二つ。一つは和歌山県新宮市の飛び地で、もう一つは東牟婁《ひがしむろ》郡北山村だ。北山村は全国でここだけの、自治体が丸ごと飛び地になっている場所で、飛び地としての大きさも国内最大の面積を誇る。なぜここだけ和歌山県なのか、これだけ離れると不便はないのかと、余計な心配をしてしまうが、こうなった経緯は明治4年（1871年）の廃藩置県にさかのぼる。

廃藩置県によって、北山村

国特別名勝の瀞峡。写真手前が瀞ホテル本館。三県境は、写真中央の北山川の中にある。

三県境には、案内板が設置してある。

が属する旧新宮藩領には新宮県が誕生したが、その時、東隣の渡会《わたらい》県と北の奈良県との三県の間で境界が引き直され、県境は北山川から北が奈良県、熊野川から東が渡会県ということになってしまった。

北山村は北山川の北にあるので、奈良県に組み込まれる。しかし、当時の奈良は山で、渡会側とは川で隔たれていて交流がほとんどなく、村の経済は新宮へのいかだ師による熊野杉の運搬で成り立っていた。そこで村は、奈良県ではなく、新宮県への編入を希望し、それがかなった。その後、多すぎる県の統廃合がなされ、新宮県は田辺県、和歌山県と合併して和歌山県となった。この時、北山村も晴れて和歌山県の一員として、全国唯一つの飛び地の村として、地図にその存在を燦然と輝かせるに至った。現在の北山村は、いかだ下りなどのレジャーと、特産のじゃばらという果物で人気の観光地となっている。温泉付きの宿泊施設もあり、その近くにある北山村の観光センターでは「飛び地の村訪問証明書」の発行もしてもらえる。県境の訪問記念に、これはぜひゲットしておきたい。

隣の新宮市の飛び地と奈良県十津川村には、国特別名勝の「瀞峡《どろきょう》」がある。巨岩の断崖は見る者を圧倒させ、エメラルドグリーンの川面は心が洗われるような感動をもたらす。美しさもさることながら、特筆すべきはこの渓谷に、奈良県ー和歌山県ー三重県の三県境の一つがあることだ。さらに三県境を見下ろす崖上へと目を移せば、木造瓦屋根の古風で重厚な建物が見えてくる。県の有形文化財に指定された「瀞ホテル本館」である。現在は改装がなされ、喫茶として営業している。こちらの店で、三県境を見下ろしながらコーヒーで人心地……県境マニアとしては最高の時間を過ごせそうだ。

最近はこちらの飛び地も合わせ、付近に五つある三県境に看板を設置するなど、観光資源として活用する動きもある。マニアとしてはこの周辺の県境を巡らずにはいられない。

北山村は、奈良県と三重県に挟まれた、和歌山県の飛び地。付近には三県境が5ヶ所もある。

県境ツアー
中国編
1
鬼女台展望休憩所~江島大橋
Kimendai Lookout Rest Area ~Eshima Ohashi Bridge

中国地方の名称は、畿内からの距離に応じた国の区分「近国」「中国」「遠国」からきているという説がある。廃藩置県後は鳥取、島根、浜田の3県が置かれたが、1876年に島根1県に統合。しかし、350kmに及ぶ広大な県域はとても維持できず、5年後に鳥取県と島根県に分離した。県が分かれたその場所を、米子駅から車で巡ってみよう。

一つの県だったこともある山陰の県境事情

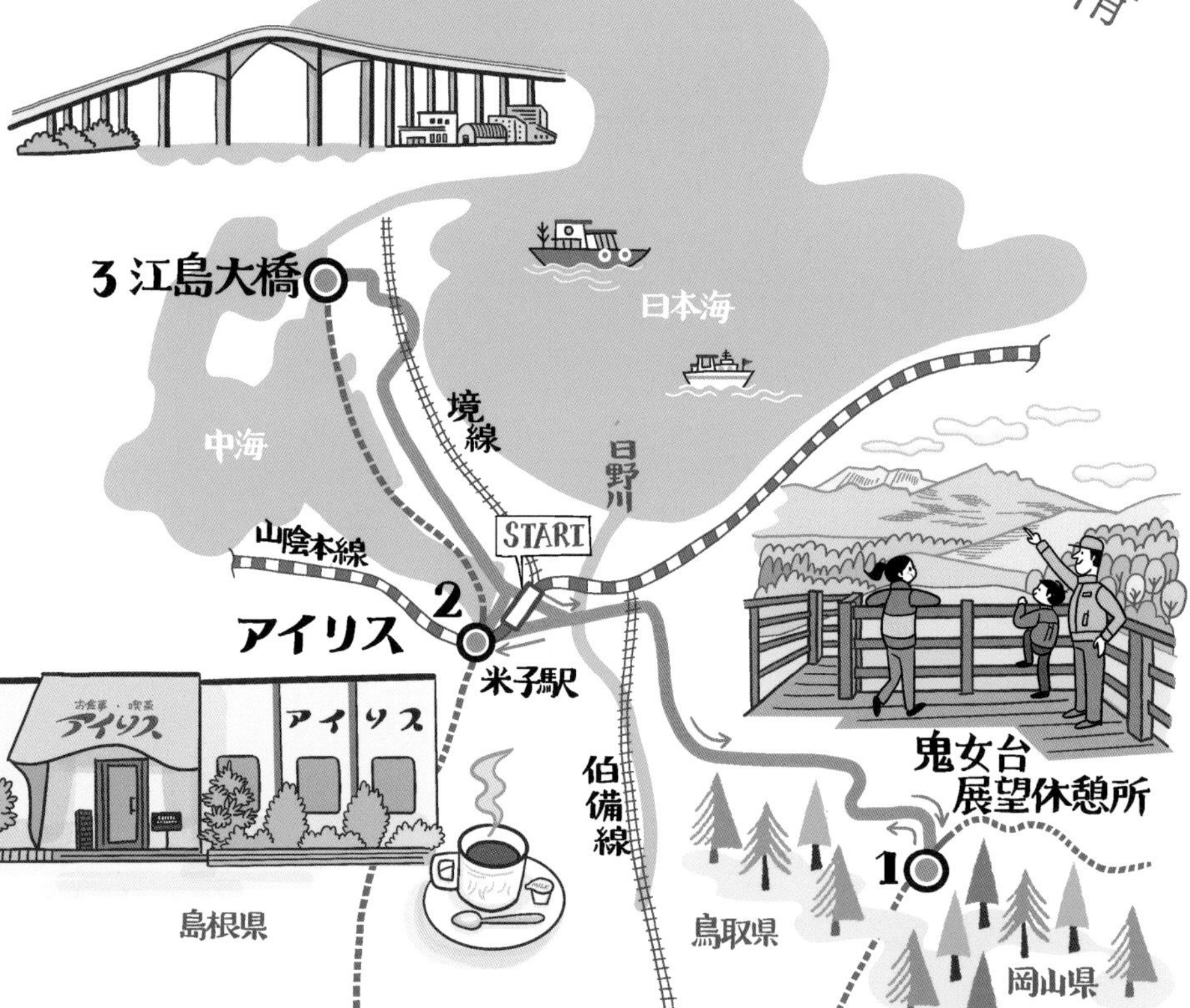

TOUR SCHEDULE

旧蒜山大山スカイライン
鬼女台展望休憩所
←
喫茶アイリス
（※2021年閉業）
←
江島大橋

名前は怖いが景色は最高の県境

旧蒜山大山スカイライン鬼女台展望休憩所

蒜山《ひるぜん》と鬼女台《きめんだい》を初見で読めた方はおられるだろうか。この辺りの地名は独特なものがある。ここで紹介する鬼女台展望休憩所は、展望所を兼ねた尾根上のパーキングである。「鬼女台」という、恐妻家には背筋が凍りそうな名前の由来は、次のとおり。この場所を視察した登山家が、台地から見える二つの小山が女性の胸を連想させ、そのあまりの魅力から、ここまで魅入られるのは鬼の女に違いない、ということから名付けたという。たくましい想像力に感心するが、展望台から見える景色は素晴らしいの一語に尽きる。北に大山、南に蒜山高原が広がる大パノラマだ。秋には大山をバックにした紅葉と、一面がススキ野原となる展望台は人気の観光スポットになるという。

この駐車場に県境が通るのだが、場所がはっきりとしないので売店の方に聞いてみた。すると、売店の前にある縁石の前が岡山県と鳥取県の県境だという。以前から県境標を建てようと話題にはなるが、実現には至っていないらしい。紅葉シーズン以外は空いているというので、観光資源として県境標が建つことを切に願

鬼女台の展望台から見た蒜山高原の景色。

鬼女台の駐車場。写真中央の売店前の縁石から、奥の小山へ県境がのびる。

うばかりである。ちなみに行政上は岡山県と鳥取県の境ではあるが、駐車場は岡山県側が管理運営していて、売店も岡山県にある。

喫茶アイリス（※２０２１年閉業）

鳥取県と島根県の境は、かつての伯耆《ほうき》国と出雲国の国境である。「今でこそ国道9号が通っているが、大昔は中海近くまで県境となる山が迫っていて、周辺には何もなかった」と語るのは、県境ギリギリの敷地に建つ喫茶アイリスのご主人だ。この喫茶店は鳥取県と島根県の県境にあるお店として、県境マニアにはつとに有名だ。開店してから40年経つというお店は、柄の入ったクリーム色の壁紙、タイル調のフロア、オレンジ色に鈍く光るペンダントライトやテーブル型のゲーム筐体など、昭和レトロの空間そのものだ。

出店がこの場所になったのは、県境を狙っていたわけではなく「たまたまココだった」とのこと。しかし県境の特殊性についてはこの場所も例外ではなかった。インフラは電気だけが住所のある島根県で、電話と水道は隣の鳥取県米子市から引いているという。今でこそ周辺にお店が並ぶが、開店当時は、島根県側は何もない場所で水道管もきておらず、お隣の米子市から引くしかなかったらしい。電話の方は、電話帳と台帳に登記するため、仮の鳥取県の住所があるという。

もう一つ、この場所を有名にしているのは、店の横に建つ立派な県境標の存在だ。店がある国道9号の道端にどっしりと据えられた石碑は、昭和15（１９４０年）年に、神武天皇即位２６００年を記念して建立されたものだ。

最後に、県境の名店であった喫茶アイリスは、本書刊行前の２０２１年末に閉店となってしまった。まことに残念である。

島根県ギリギリに建つ喫茶アイリス（現在は閉店）。国道奥にあるラーメン屋は、隣の鳥取県にある。

アイリスの前にある鳥取県と島根県の県境標。

県境にあった
昭和レトロな
喫茶店

江島大橋

境界未定地でもあった、有名CMロケ地の県境

鳥取県と島根県の境には、少し面白い地形がある。「中《なか》海《うみ》」とよばれる汽水湖だ。湖は、大橋川で宍道湖と、境水道で日本海とつながり、昔から豊かな漁場であったという。

その中海に架かる橋が「江島大橋」だ。鳥取県と島根県にまたがり、某軽自動車のCMで〝ベタ踏み坂〟として登場して有名になった。CMを見た当時は、あんな急坂の橋があるのかと驚いたが、実際の橋を見てみると、少し高さがあるだけの、普通の斜度の橋だった。これなら近畿編1で紹介した暗峠（⬇94ページ）の方がよほどきつい。望遠レンズの圧縮効果によって、激坂に見えるようにしたのだろう。筆者も下手なりに望遠レンズで橋を撮ってみたので、ご覧いただきたい。

この橋には、県境が横切る場所に県名のプレートがあり、プレートと一緒に中海の景色も堪能できる。ここの県境を語るうえではずせないのが、中海の県境未定地問題だ。大昔から中海が境界となっていたが、実際にどの辺りに境界線があるのかは、不明なままだった。海上では明確な県境はないのが普通で問題もなかったのだが、米子空港の拡張と中海の干拓事業が進んだことで、両県の境界線を明確にする必要が出てきた。東海編1の木《き》曽《そ》崎《さき》干拓地（⬇71ページ）でもあったように、陸地の拡張は隣接自治体との境界問題に発展することが多い。しかし中海に関しては、国土地理院の地図が有力な根拠となり、大きくもめることなく1990年に県境が確定した。その後、空港の拡張はなされたが、干拓事業は時代に沿わなくなり、計画は途中で取りやめとなった。

江島大橋。望遠レンズで撮ってみたが、急坂に見えるだろうか。

橋にある県境標。写真奥の中海に張り出した陸地が、拡張された米子空港だ。

県境ツアー

中国編

2 広島県・岡山県管轄境界標〜弥栄ダム

Hiroshima & Okayama jurisdictional boundary marker ~Yasaka Dam

中国地方は、律令制時代の行政区画「五畿七道」に照らすと、山陽道と山陰道に分けられる。山陽地方、山陰地方とよぶのはその名残だ。山陽一帯はかつて吉備《きび》国とよばれたが、律令国家に組み込まれると、備前、備中《びっちゅう》、備後《びんご》、美《みま》作《さか》に分割された。ここでは福山駅で車を調達して、山陽地方西側の県境を巡るルートを紹介する。

分割された山陽道諸国の県境を巡る旅

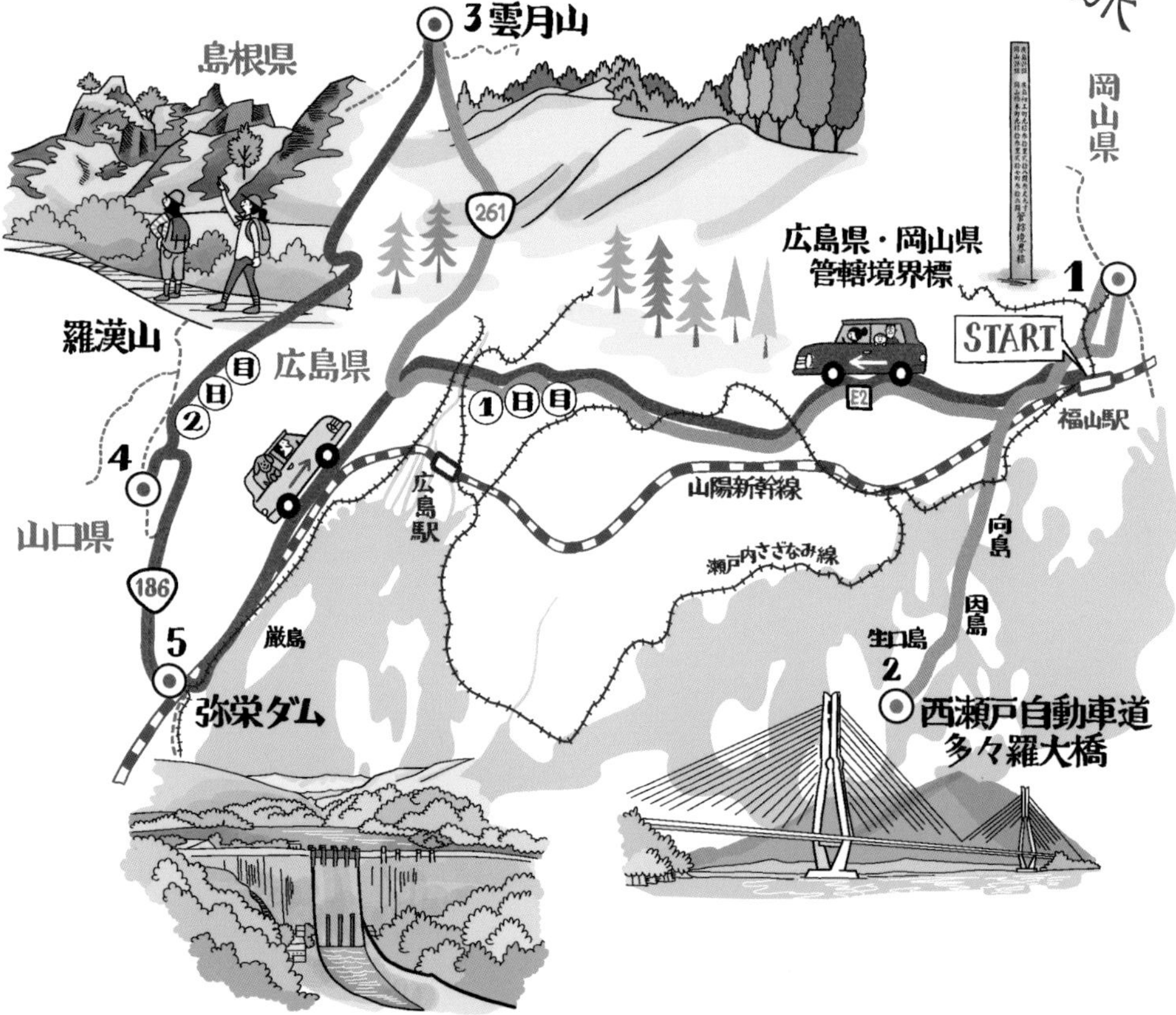

TOUR SCHEDULE

1日目
広島県・岡山県管轄境界標
←西瀬戸自動車道 多々羅大橋
←雲月山

2日目
羅漢山
←弥栄ダム

1日目
FIRST DAY

藩境であり、国境であった境界標

広島県・岡山県管轄境界標

JR福山駅から国道313号を30分ほど走ると、岡山県との県境にたどりつく。国道沿いにある岡山県と井原市のカントリーサインには「子守唄の里 井原」とあるが、県境である井原市高屋町は、全国的に知られる子守唄発祥の地とされている。国道から一本逸れた道に「子守唄の里ロード」と書かれた、井原市が建てた看板があるのは、その業績をたたえてのものだろう。

この子守唄の里ロードであるが、実はここが旧山陽道である。岡山県側へ行くと、宿場町として栄えた商家や町家が今も残り、往時の雰囲気を感じることができる。この旧道の広島県との県境に、境界標を兼ねた道標が建てられている。裏側に「大正8年1月」と彫られているが、この石碑は車の衝突で破損した石碑を2005年に復元したものだ。

ここの境界は、福山藩がこの地に番所を設けた時、藩の

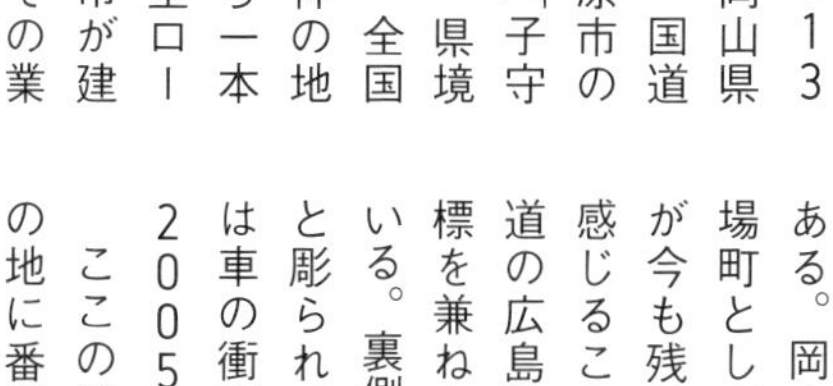

向かいに建つ商店は県境にある。道路の舗装の違いにも注目。

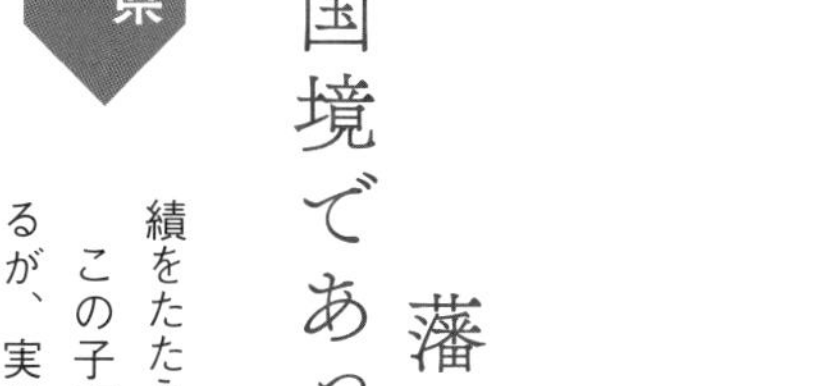
旧山陽道に建つ管轄境界標。

境に木標を建てたのが始まりといわれる。その時から代々境界標は建てかわり、今もこうして旧備中国と旧備後国の境にある。

　ちなみに今の境界標は、1930年の県道敷設の際に移動されたもので、元々建っていた場所は、向かいの商店側であった。店舗前にある鉄板をめくると、旧石碑の頭が今も残っている。この商店であるが、敷地の中を県境が貫いており、店舗は広島県側、倉庫は岡山県側という珍しい立地にある。境界標探訪のついでに、ぜひ買い物をしよう。

西瀬戸自動車道 多々羅大橋

「瀬戸内しまなみ海道」といえば、サイクリスト達にとって憧れのサイクリングロードだ。

洋上のサイクリングロードにある県境

瀬戸内の8つの島を結ぶ9つの橋からの眺めは素晴らしく、世界七大サイクリングルートに選ばれ、国内サイクリストの聖地とよばれている。その一つ、広島県の生口《いくち》島と愛媛県の大《おお》三《み》島に架かる「多々羅大橋」は、我々県境マニアの視線が特に熱い。それはもちろん、この橋の中ほどに広島県と愛媛県の境界線が引かれているからだ。県境の境界線は自動車道の方にはなく、自転車と歩行者専用道に引かれている。実はこれはサイクリストや県境マニア達の達成感を満たす……ためだけではなく、道路の管理境界を定めるために引かれたものだ。ゆえに正式な県境ではない。そもそも、海上には県境は設定されていないのが普通だ。中海（➡103ページ）のような状況は、例外とみて良いだろう。

多々羅大橋。完成時は世界最大の斜張橋だった。

　県境への行き方であるが、筆者は大三島の道の駅「今治市多々羅しまなみ公園」でレンタサイクルを借りて向かった。道の駅前に、橋へ取りつく自転車道があるので、迷うことはない。ただし、橋上へ行くにはそれなりの坂道を登るので、覚悟をするように。日ごろの運動不足がたたらないよう、足腰は鍛えておこう。

橋の中間点にある県境標と境界線

　ちなみに、海上に架かる県境の橋は、この多々羅大橋を含めて全国に5本ある。そのうち県境の境界線が引かれているのは、ここ以外には広島県の中ノ島と愛媛県の岡村島に架かる岡村大橋だけだ。この先県境をまたぐ橋がつくら

地図の境界線が可視化した山

れるかは分からないが、できれば境界線を引いていただけるとありがたい。

雲月山

県境の山へ登山……となると、山歩きが趣味ではない人は気が重くなることだろう。なにせ県境になるような山だ、きっと岩にしがみつくような厳しい山行になるに違いない……などと思われるかもしれない。実際、北アルプスや飯豊山のような険しい県境の山はあるので、否定はできない。しかし、自然は多様なのだ。なかには鼻歌交じりにスナック感覚で登れる山も存在する。

ここで紹介する雲月山は、まさに初心者にもうってつけな県境の山だ。標高は911・2m。低山なので装備もそこまで必要ではないが、それでも山なので、登山に適した靴と雨具、帽子など用意はしていただきたい。低山だと立木が多くて見晴らし悪いんじゃないの……というご意見も聞こえてきそうだが、その心配はない。なにせこの山、草原しかないのだ。登山道も、場所によっては舗装までされている。見晴らし良く、かつこんなに歩きやすい山があったのかと、きっと驚くだろう。

それにしても、どうして草地ばかりなのだろうか。それは、この山が牧草地の育成のために昔から山焼きが行われていたことによる。近年では、草原という特殊性によって生き残ってきた希少生物保全のため、年に一度、地元の有志によって山焼きが行われている。その山焼きの範囲が広島県側だけに限られているので、山の稜線で木々の残る島根県と、草地の広島県との差が現われ、県境がくっきりと視認できるのだ。地図上でしか見られない境界線が可視化された場所。ハイキングついでに県境も体験していただきたい。

写真左奥の雲を被っているのが雲月山。

尾根部分。笹やぶと森林の境界が県境。

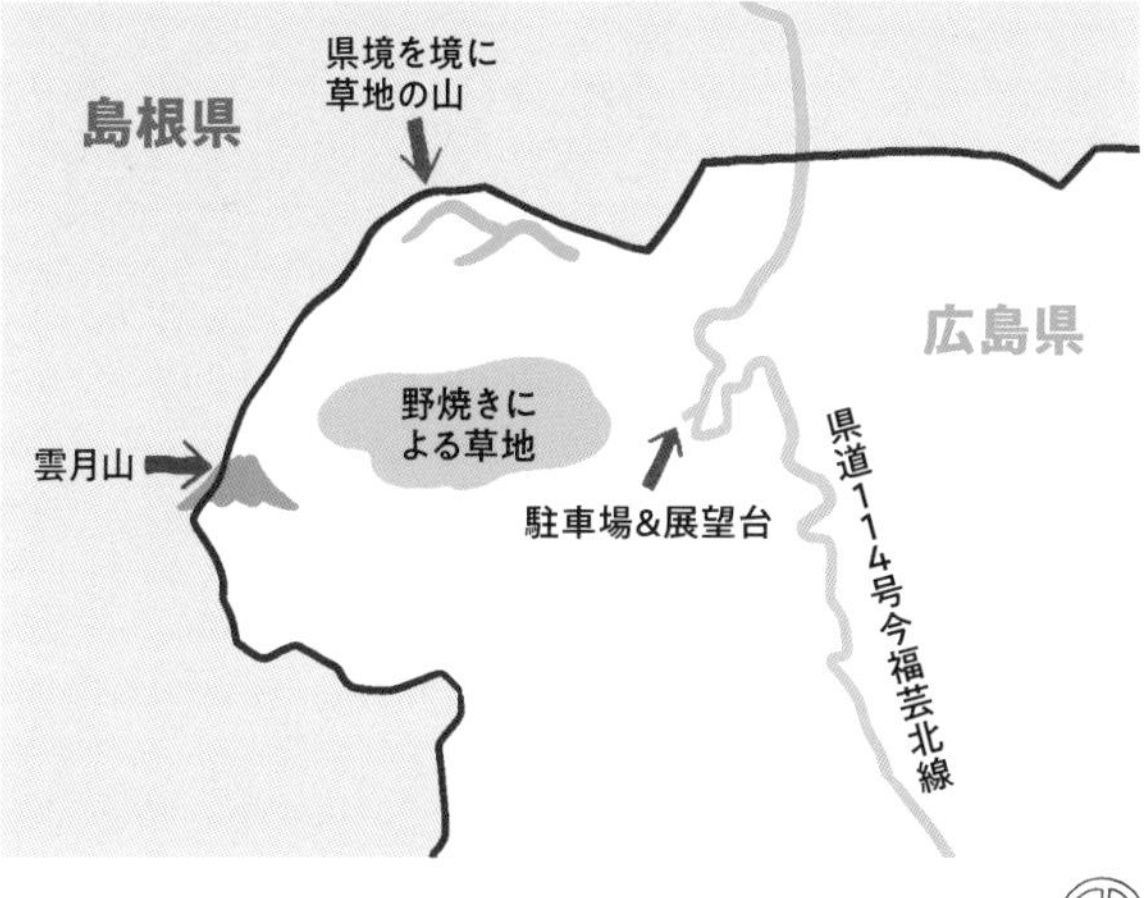

2日目
SECOND DAY

山陽と山陰を見渡せる県境の山

羅漢山

羅漢山！　なんともいかつい名前の山だ。山の案内板によると、昔は「車前子峠山」とよばれていたようだ。「羅漢山」という呼び名の由来は、山の組成が熱変性橄欖《かんらん》岩であるため、山体のいたる所で奇岩が露出し、その様子が羅漢仏を思わせる所から、また、遠くから見ると山が羅漢仏の泰然たる姿に似ている所から、という二つの説があるらしい。どちらの説にしても、粘性の高い溶岩が斜度の大きいドーム状の丘をつくる、溶岩円頂丘の火山らしい由来である。

羅漢山も低山で家族でのハイキングなどに適した山ではあるが、雲月山と違い、ルートは選んだ方が良い。筆者は車を停めた駐車場に近いという理由で「鉱山跡コース」というルートを選んでしまった。途中奇岩を見られたり、眺望が得られるなど見どころはあったが、中盤から一面の笹やぶが眼前を覆い、ルートを見失いかけた。低山で距離のない登山なので大事には至らなかったが、一つ間違えると遭難しかねない事態であった。悪いことはいわないので、初見の人は「みはらしコース」をお勧めする。どちらのルートも、山頂までそう時間は違わない。

山頂には2億数千年前の地殻変動で作られた蛇紋岩（磁鉄鉱）がある。磁力を含んだその岩は磁石を狂わせる性質がある。コンパスを持っていたら岩に近づけてみるのも面白いだろう。独立峰である羅漢山の山頂からの眺めは大変素晴らしく、条件が良ければ瀬戸内海と日本海まで見渡せる。

ついでとなってしまったが、この山にある広島県と山口県の県境は、山頂の先、レーダー雨量観測所を抜けた東側の斜面にある。県境マニアとしては確かめずにいられないので、ナビに従って尾根を少し下ってみた。しかし、やぶと立木ばかりで、県境と思しき場所には特に境界が分かるものはなかった。

羅漢山頂上の景色。広島湾の方を望む。

頂上にある磁石岩。

県境の川に作られた巨大ダム

弥栄ダム。

弥栄ダム

県境の本を書いている筆者がいえた義理ではないが、世の中は広いもので、「巨大建築物」を趣味にもつ人達がいる。高層ビルや原子力発電所や、工場……そういった大規模な建築物に無類の興味を抱く人たちである。そのなかでも大多数の巨大建築物マニアが好物としているのが、ダムである。ダムは、人類と水の闘いの歴史が生みだした英知の結晶であるが、誕生の経緯はどうあれ、あのコンクリートの圧倒的な質量が、見る者を釘付けにするのは間違いない。

また、県境が川に多くあることは、これまでのスポット紹介でお分かりいただけたと思う。そしてダムは川につくられるもの……と、すれば、ダムが県境をまたぐことは必然である。巨大建築物マニアとは違う目線で、県境マニアも俄然ダムに注目するのだ。

ダムの中ほどにある県境標。

弥栄ダムは広島県と山口県の県境となっている小瀬川につくられた重力式コンクリートダムである。「重力式コンクリートダム」とは、そのダムを形づくるコンクリートの重量によって水圧に抗するタイプのものをいう。弥栄ダムは堤高120m、堤頂長540mと、かなり巨大な部類に入る。堤頂には2車線道路と歩道まであり、上を歩くだけでも、これをつくりあげた人類の知恵と技術に畏怖を覚える。それほどのダムでも、全国ランキングでは堤高で33位、堤頂長で44位タイ、総貯水量では47位タイというのだから、これよりも大きいダムがあるのかと驚くばかりだ。

県境は堤の真ん中辺りにあり、立派な銘板がはまっていて、反対側の道路端には県名が路面にペイントされてもいる。前述のとおり県境をまたぐダムは珍しくはないが、ちゃんと境に境界線や県名を示してくれているダムは、実はさほど多くはない。ダム横の公園では、ファミリーがレジャーシートを広げてランチなどをしていたが、県境の表示がもっと増えてくれれば、ダムを訪れる人ももっと増えてくれるのではないだろうか。

県境ツアー

四国編

雲辺寺〜松尾峠

Unben Temple
~Matsuo-toge

四国といえば八十八ヶ所の霊場を巡る「お遍路」がイメージされる。実際、四国へ行くと札所や道の案内、巡拝するお遍路さんをよく見かける。また、山深く険しい場所が多い四国にあって、その遍路道は国を結ぶ貴重な街道でもあった。県境も同様に巡るのに苦労するが、それだけの価値がある所は多い。高松空港から県境巡礼の旅に出よう。

お遍路と天空の県境旅

TOUR SCHEDULE

1日目

- 雲辺寺
- ↓ UFOライン（町道 瓶ヶ森線）
- ↓ 高原ふれあいの家 天狗荘（現 星ふるヴィレッジTENGU）

2日目

- ホテル姫鶴荘
- ↓ 愛媛県道・高知県道383号 四国カルスト公園縦断線
- ↓ 韮ヶ峠
- ↓ 松尾峠

1日目 FIRST DAY

四国八十八ヶ所霊場の県境

雲辺寺

正式名称を巨鼇山《きょごうざん》千手院《せんじゅいん》雲《うん》辺寺《べんじ》という。名前のイメージ通り、八十八ヶ所霊場で一番の高所（標高911m）にあり、「四国高野」の別名もある。讃岐の一番目の札所であるが、寺の所在地は徳島県三好市。その辺りからも県境が絡んでいそうな雰囲気が出ている。昔は「遍路ころがし」といわれるほどの急な上り坂を行かねばならなかったが、香川県側にロープウェイがあるので、今はお寺へのアクセスはそれを使う人がほとんどだ。

煩悩を落としにいくお遍路さんの白装束の人達に交じり、一人「県境を見たい」という煩悩の塊の筆者を乗せたロープウェイは、一気に「雲の辺《ほとり》」へ辿り着く。さすが四国霊場一高い場所にあるだけのことはあり、見晴らしは最高だ。晴れた日には瀬戸大橋も見えるという。

お遍路の人達はその眺めをひとしきり楽しんだ後、山頂駅から参道を本堂へと行くが、私はその流れにはのらずに立ち止まった。なぜならその参道に香川県と徳島県の県名が入ったプレートと、県境を示すラインが引かれているからだ。「ここが私にとっての霊場だ！」と、自分にいい聞かせ

ロープウェイの山頂駅を出てすぐにある県境。

毘沙門天展望館の横にも県境標がある。

雲垂れる
天上の県境道

写真を撮りまくる。さらにもう少し坂を上った先に「毘沙門天展望館」という施設があり、そこからも360度のパノラマを展望できるが、私達が見るべきはそこではない。その建物のすぐ横にも香川県と徳島県の県境標があるのだ。霊場の県境……素敵な場所にお寺をつくってくれた弘法大師様には感謝しかない。

UFOライン（町道 瓶ヶ森線）

章の冒頭で四国は山深いと書いたが、身をもってそれを実感できるのが林道だ。全国どこもそうだが、四国の林道の険しさは際立っていると思える。

しかし、それだけに眺めの良い場所が多いとも感じる。ここで紹介するのは四国を代表する林道であり、絶景のドライブルートだ。「UFOライン」とはまた風変りな名称だが、正式には「町道 瓶ヶ森線」という名前で、UFOは「雄大な峰＝雄峰＝UFO」と、UFOの目撃情報がある所からついた愛称である。四国山地の尾根に道が引かれているので見晴らしが良く、近年に某車のCMロケ地として使われた。尾根沿いを行くのでもちろん県境もまたぐ。その回数は4回とけっして多くはないが、景観の良さがそれを埋めるに十分な満足感を与えてくれるだろう。

それでも物足りないという県境マニアの猛者は、瓶ヶ森登山口駐車場に車を停めて山頂を目指していただきたい。登山道である尾根道が高知県と愛媛県との県境となっているので、まさに天空の県境散歩を楽しむことができる。UFOラインで1700mくらいまでは上がっているので、最高峰の女山《めやま》（標高1897m）へは、1時間ほどで着けるだろう。もちろん登山の装備は必要なので抜かりなく。

UFOライン。道の上にある尾根が県境。

UFOラインにかかる滝雲。条件が良いとこのような景色も観られる。

高原ふれあいの家 天狗荘（現 星ふるヴィレッジTENGU）

「四国カルスト自然公園」は四国屈指の自然公園で、その東端には「天狗高原」という原生林の残る標高1300mの高台がある。「高原ふれあいの家 天狗荘」はその地形を一望する場所にあり、晴れた日にはカルスト台地のみならず、遠く土佐湾も望める眺望を得られる。夜には満天の星空に包まれ、毎夜星空観察と天体ガイドのイベントが催されている。

　ロケーションの良さは今述べた通りだが、ここも本書で取り上げる以上、当然それだけではない。当施設も、全国指折りの「県境をまたぐ宿」なのだ。建物正面に高知県と愛媛県の県名と県境の白線が引かれていて、敷地の端にはそれぞれの県名標もあり、施設が境界線上にあることを猛烈にアピールしている。それだけではなく、館内にも県名標示と境界線が引かれているのだ。しかも1階だけでなく、2階の共用スペースにも同様に県境が示されている。この念の入れよう、ただ者ではない。

建物正面にある県境の境界線と県名標。リニューアルにともない引き直された。

星降る高原で越境泊

　さらに境界線は共用部分だけではなく、一部の客室にも通っている。県境好きとしては垂涎の特等室だ。筆者は幸運にも、その県境が通る客室に泊まることができた。室内には残念ながら線は引かれていなかったが、部屋の前の廊下までは線があるので、目測ではあるが、部屋のどの辺りを通るのか想像してみた。おそらく、二つあるベッドのうち片方の真ん中ら辺を通るようだ。寝るのはもちろん、そのベッドに決まりだ。夜、自分が境界線の上で、愛媛県と高知県に同時に存在しているという事実に興奮して、なかなか寝つけなかったことはいうまでもない。

　最後に、「高原ふれあいの家 天狗荘」は、2021年6月に全館リニューアル工事を行い、名前も「星ふるヴィレッジTENGU」と改めた。新しくなった施設には「星空客室」や「プラネタリウム」そして「天文台」まで新設され、「星」をテーマによりグレードアップされるという。原稿執筆時にはまだ完成していなかったため確認はできていないが、「県境」についてもぜひグレードアップを期待したい。

館内にも県境が引かれている。天狗の像は「天狗高原」に掛けたものだろうか。

2日目
SECOND DAY

地面に張られたロープと癒しの看板

ホテル姫鶴荘

「高原ふれあいの家 天狗荘」を出て、県道383号を西へ向かう。道中、ここは本当に日本なのかと思うほどの高原の絶景が見られるが、それについては次に触れよう。しばらく進むと姫鶴平《めづるだいら》という高原に着く。開けた広大な牧草地に牛が放牧され、夏でも涼しく景観も抜群な標高1300mの高原は、四国カルストでも特に人気のエリアだ。そこにある「ホテル姫鶴荘」は、部屋泊だけでなくコテージやキャンプ場も併設してあり、食事だけの利用もできて、この地の観光拠点となっている。人気のソフトクリームも気になるが、我々が一番注目したいモノは建物裏手にある。

そこにはトイレがあるのだが、トイレへ至る渡り廊下横の地面に、ロープが張られていることに気がついたあなたは立派な県境ハンターだ。そう、そのロープこそ、愛媛県と高知県を分かつ県境だ。さらに渡り廊下には愛媛県と高知県の県名と、両県を代表する特産物のミカンとカツオのイラストがあしらわれた案内板も

裏手にある県境の案内板とロープは見もの。

ホテル姫鶴荘外観（筆者による絵）。

ある。真ん中の境界線をまたいだ牛のイラストは、この姫鶴平を代表する放牧された乳牛なのだろう。可愛いイラストに癒されること請け合いだ。姫鶴荘に来たら、ぜひ建物裏手へいらしていただきたい。

天界を縫う県境

愛媛県道・高知県道３８３号四国カルスト公園縦断線

これまで紹介してきた「天狗荘」と「姫鶴荘」が「四国カルスト」にあると書いてきたが、四国カルストについての説明がまだなので、ここで取り上げるスポットと同時に解説しておこう。

四国カルストとは「カルスト地形」のことをいい、名称はスロベニア北西部の「カルスト地方」に由来する。石灰岩を多く含む地域が雨水や地下水の浸食を受け、ドリーネとよばれる円形の凹地や、石灰岩の露岩が列をなすカレンフェルトなど、独特の地形を形成し、ほかに類をみない景色ができる。

四国カルストをドライブすると、岩が点在する広大な高原の緑、空が近く色の濃い青、目線と同じ高さの雲の白。緑と青と白しかない世界を見ることになる（天気が良ければだが）。天界というのがもしあったら、こういう所なのではないかと思わずにいられない非日常体験だ（天気が良ければだが）。

その非日常のドライブルートが、ここで紹介する「愛媛県道・高知県道３８３号四国カルスト公園縦断線」だ。このルートの素晴らしさは今語った部分だけでもお分かりいただけると思うが、この道路は地図を見た所、実に19回も愛媛県と高知県の県境をまたぐのだ。先に紹介した県境が通る天狗荘と姫鶴荘もこのルート上にあると書けば、そのすごさが想像できるだろうか。天狗荘前の駐車場をわざわざ横切って３８３号に出れば、なんと21回もまたぐことになる。「天界の道路＋県境＝最強」。四国へ行き、天候に恵まれればぜひ当地を訪れていただきたい。できれば県境の音声案内機能のあるカーナビと共に。

境界全てではないが、県道沿いには県境標があったりもする。

高原の眺めは、日本とは思えない絶景。この尾根を県境が通る。

幕末の英雄がまたいだ県境

韮ヶ峠

土佐が生んだ幕末の英雄といえば、誰もが知る維新志士「坂本龍馬」だ。龍馬は土佐藩を後にし、のちに薩長同盟の道筋をつくるなど大活躍することになるが、ここで紹介する「韮《にら》ヶ峠」は、坂本龍馬が土佐藩を脱藩して維新の道を歩み始めた第一歩の地（県境）として知られている。

県道にしっかりと引かれた県境のラインと境界標。

越境した三人と、ここで引き返した一人の足跡。

龍馬はどうして脱藩したのだろうか。その経緯をおおまかに説明すると、ペリー来航を目の当たりにして政治に目覚めた龍馬は、土佐に帰国すると日本のあり方を変えるため、尊王攘夷を掲げる土佐勤王党に加盟した。しかし、過激化する党の方針と封建的な土佐藩の現状に失望し、このままではいかんと脱藩を決意した……そしてその時に通ったのがこの「韮ヶ峠」というわけだ。

県境には片側1車線の県道を白線が横切り、そこが境界であることをハッキリと示している。白線をさらによく見ると、白線の前後に4つの足跡がコンクリートでかたどられているのが分かる。これは龍馬と、龍馬が脱藩した時に一緒についてきた「澤村惣之丞」「那須俊平」「那須信吾」の3人の足跡を示しているという。そして、一つだけ足跡が白線の反対側、土佐側にあるのだが、それはこの4人の内「那須信吾」だけがここで引き返したことを示しているのだろうか。なんとも憎い演出だ。

道ばたには「坂本龍馬脱藩の地　土佐國／伊予國」の石碑がある。向かって道の反対側にも石碑があり、そちらには「我ら再び生きて　故国土州の土を踏まず!!　坂本龍馬　澤村惣之丞」と刻まれている。道の両側に石碑がある県境はとても珍しい。そのほかにも「坂本龍馬脱藩の道」「坂本龍馬脱藩の地」「維新の道　坂本龍馬脱藩の道」などなど、右を見ても左を見ても「脱藩」「脱藩」と、過剰にも思えるほどの案内がそこかしこにある。脱藩ファ……いや、龍馬ファンならきっと感動もひとしおだろう。筆者は県境ファンなので、龍馬がここを通った時の心境にまでは思い至れなかったが、県道に県境のラインが引かれているのはとても珍しいので、脱ぱ……龍馬ファン以外にも境界線好きにはおすすめの県境スポットだ。

今は歩き遍路だけが ひっそりと行く峠道

松尾峠

　お遍路では四国を徳島県→高知県→愛媛県→香川県と巡っていくが、その4県はそれぞれ「発心」「修行」「菩提」「涅槃」と称する道場であるとされている。自らの仏性に目覚める発心から始まり、お遍路を続けていくうちに成長していく行程を真言密教の教えに重ねるのは、物理的な地理と精神的な心理を融合するものでとても興味深い。高知県は「修行の道場」にあたる。県域は四国一広いのに、札所の数は16と最小。地形の険しい場所も多く、霊場間の距離も長い。まさに修行という名がしっくりくる、遍路の覚悟を試される地だ。

　松尾峠はその修行が終わり、菩提（悟りの境地）の道場へとつながる場所だ。昔はこの辺りの主要な街道で、江戸時代には幕府の巡検使や旅人、お遍路など、多い日では300人が通行していた。

　峠の両側には番所があり、不法な越境者がいないか取り締まったという。峠に今も残る国境を示した石柱は、伊予側のものは貞享4年（1687年）、土佐側のものは貞享5年（1688年）に建立された。両国の境界石が据えられたことからも、この場所の重要さが推察される。大師堂や峠の茶屋などもありにぎわったというが、昭和4年（1929年）に宿毛《すくも》トンネルが開通すると一気に寂れ、茶屋も大師堂も跡が残るだけとなり、今は歩き遍路の人がたまに通るだけの静かな場所となった。峠道の様子は大きく変わったが、峠の茶屋跡から見える宿毛湾の眺めは今も変わらぬ絶景なので、県境探訪と一緒に楽しみたい。

今はひっそりとした県境の峠道（筆者による絵）。

茶屋の跡地から眺める宿毛湾の眺め。

県境ツアー

九州編

背振山～荒尾市の飛び地

Mt. Sefuri~
Enclave of Arao City

九州は天祖降臨の神話が残る歴史の古い土地だ。その歴史の長さには及ばないが、北九州には江戸時代の境界標石が今なお多く残り、当時いかに境界で苦労したのかが偲ばれる。温泉、パーキングエリア、鉄道駅とユニークな県境もある。博多駅を起点にして、九州の歴史と文化に触れられる県境を巡ってみよう。

悲喜こもごも、人々のドラマを刻む九州の県境

TOUR SCHEDULE

1日目
脊振山 → 基山PA → 筑紫野温泉アマンディ → JR日田彦山線 宝珠山駅 → つえたて温泉 ひぜんや

2日目
九重連山すそ野 → 寧静ループ橋 → 荒尾市の飛び地

1日目 FIRST DAY

山頂の石宝殿は境界争い勝利の証！

脊振山

この山は福岡県と佐賀県の境にある脊《せ》振山《ふりざん》系の最高峰(1054・6m)で、名前の由来は諸説あるが、山の上空で「龍が背を振った」ことからつけられたという。古くから霊峰として山岳密教の修験場となり、肥前・筑前両国の領民から信仰を集めていた。そのような大事な場所だからか、この山を巡って江戸時代には境界争いが起きたという。

ことの起こりは、天和3年(1683年)に福岡藩の治める肥前国の村民から、山頂の弁財天の祠を修繕するという申し出があり、それを佐賀藩の治める筑前国にある神社の宮司が受けたことだった。翌年には、山頂の筑前寄りにある南斜面を畑にするという通告も受けた。筑前国の村民は、「昔から山頂が両国の境であり、弁財天の祠も筑前国がこれまで修繕してきた」と肥前国側に抗議した。

この争論は、一見すると村民同士の争いのように見えるが、実は、脊振山を自国領にしようと企む福岡藩側が仕掛けたものであった。喧嘩上等で始まったことなので村民同士で解決するはずもなく、そこから話は大きくなり、両藩主も巻き込んで、ついに江戸幕府に強訴するまでになった。

評定所では両国が互いに有利な資料を出し、自らの正しさを主張した。そこで幕府側が保管していた国絵図と照ら

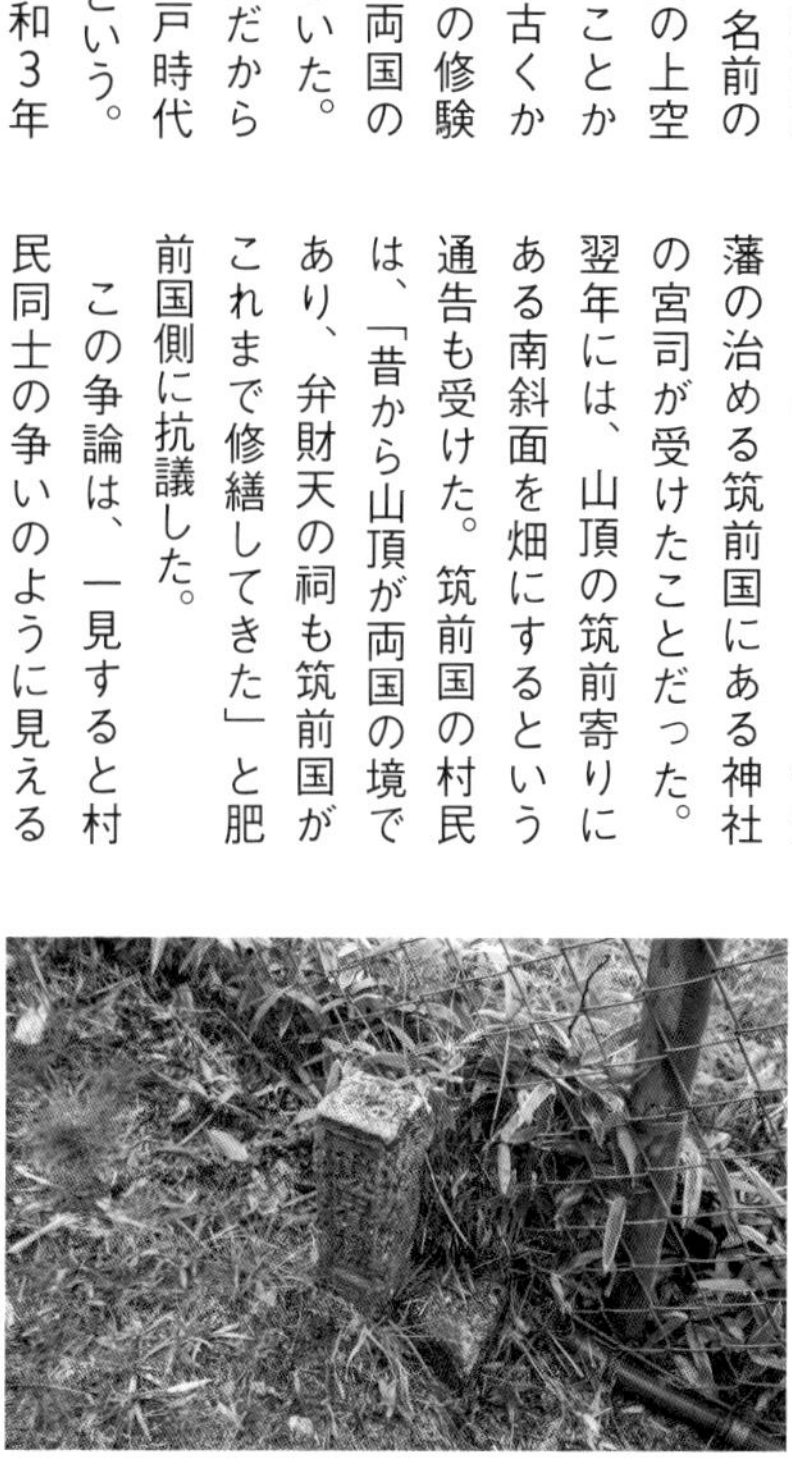

自衛隊基地との敷地境界がおそらく県境。県境のものかは不明だが、境界標石が確認できる。

山頂にある脊振神社上宮（筆者による絵）。

し合わせると、肥前国の絵図には脊振山が描かれているのに対し、筑前国には脊振山が記載されていなかった。これが決定的な証拠となり、元禄6年（1693年）に肥前国側の勝訴が決まった。

肥前国の人々は、10年もかけて勝利した国境争いを、二度と蒸し返されたくないと思ったのだろう。国境が永久不滅であることを示すため、元禄10年（1697年）に山頂の弁財天を堅牢な石造りの宝殿として

下り線のPA脇にある県境標。立派だ。

こちらは上り線側のもの。下りと左右の県名が入れ替わっているのにお気づきだろうか。

県をまたいだパーキングエリア

リラクゼーションは県境の上で

建立し直し、52基の石灯篭も設置した。今もこの石宝殿と、28基の石灯籠が山頂にある。脊振山は現在、自衛隊のレーダー基地となっているが、弁財天の石宝殿へは、基地との境界でもある県境沿いの山道を通れば行くことができる。

基山PA

高速道路は都市を結び、日々大量の人とモノを動かす、いわば物流の大動脈だ。長距離を一気に走行でき、よほど複雑なジャンクションでもなければ道に迷うこともない。とても便利だが、高速走行の緊張と長時間の運転は体力を消耗する。そんな時に立ち寄って休憩できる施設がSA（サービスエリア）とPA（パーキングエリア）だ。最近は温泉や宿泊施設、遊園地を備えるなど、施設の充実ぶりが著しい。

しかし、ここに紹介するPAは、ほかがいかに優れようとも全国に2ヶ所しかない、大変に貴重なPAだ。本書をお読みの方なら、ここでいう「貴重」がどのようなものかは当然予想できるだろう。そう、県境をまたいだPAなのだ。基山PA下り線の駐車場の中ほど、カフェテリアの20mほど南に「福岡県」と「佐賀県」と県名の入った県境標が建っている。石の土台に金属の銘板と、結構な費用がかかっていそうだ。丁寧な県境の案内に、マニアとしては嬉しさがこみあげてくる。

だがお楽しみはこれだけではない。このPA、今は下り線を紹介したが、実は上り線側にも同じものが存在するのだ。こちらは駐車場の北の端にある。筆者はこの県境を見るために、高速道路を1区間分だけ往復した。それだけの価値はある県境だ。ちなみに、このPAには外からアクセスできる歩道も設置されているので、車がない方は利用すると良いだろう。PAといっても、上下線ともコンビニやコーヒーショップ、飲食店がSA並みに充実しているので、境界を感じながらおおいに憩おう。

筑紫野温泉 アマンディ

基山PAから車で3分、歩いても行ける距離に「筑紫野温泉 アマンディ」という温泉施設がある。バリを意識した南国的な情緒を感じる外観と中庭。そこに停まっているクラシカルなボンネットバスも良い雰囲気だ。施設内には、外のイメージを踏襲したバリ風の風呂があり、ほかにも和風風呂や岩盤浴など、さまざまな様式の風呂と複数のサウナもある充実ぶり。地下1200mから汲み上げる湯は弱アルカリの単純泉で、それを平日は800円から堪能できるとあって、地元では人気の場所となっている。

何より注目なのは、こちらの施設も県境をまたいでいるということだ。建物1階のエレベーターの横に、「佐賀県」「福岡県」の県名と、県境を示す破線が描かれたアクリル製の県境標がある。この表示があるだけで県境マニアは癒される……いや、「興奮する」の方が正しいか。どちらにしても、県境マニアにとっては歓喜極まりなく、これだけでも来た甲斐はあるというもの。もはや温泉はオマケで、県境のついでに温泉に入るといっても過言ではない。

　ところで、どんな経緯があってこのように県境をまたぐ施設となったのだろう。施設の方に聞いてみると、アマンディさんは元々温浴施設だった建物に居抜きで入っただけらしく、よく分からないとのことだ。残念。ただし、施設内の県境標については、「売りになると思って」アマンディさんが取り付けたものだという。素晴らしい着眼点。全国の県境をまたいでいる施設には、この姿勢をぜひ見習ってほしいものだ。

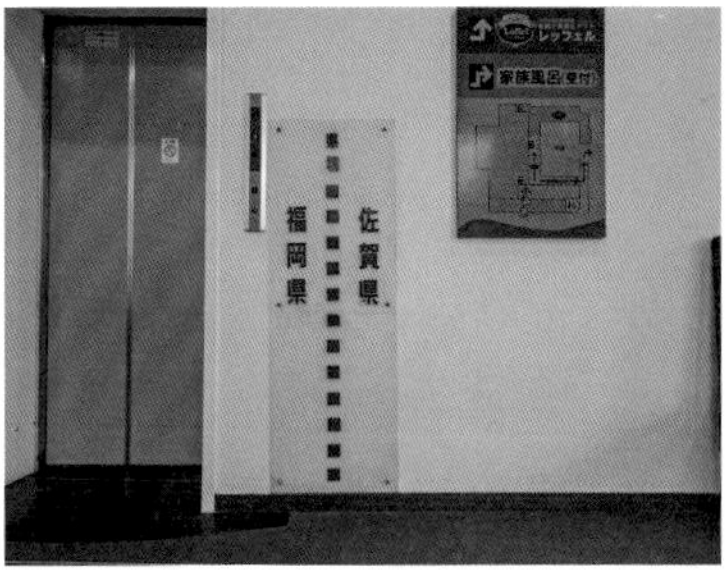

館内にある県境標。

南国のバリを思わせるステキな中庭。

九州で唯一県境をまたぐ駅……だった場所

JR日田彦山線 宝珠山駅

福岡県の城野駅と大分県の夜明駅を結ぶJR日田彦山線は非電化単線のローカル線だ。宝珠山《ほうしゅやま》はその駅の一つで、1998年に建て替えられた居心地の良い木造駅舎と、1面1線のシンプルなプラットホームで構成されている。これだけだと田舎の風情ある駅で紹介は終わるのだが、本書で取り上げる以上、当然それだけではない。なにしろ駅名標の下に「九州で唯一！ 県境の上にホームが伸びる。県境の駅」と書かれているのだ。この言葉にひかれない県境マニアがいるだろうか？ いや、いない！

木造の駅舎にはコミュニティセンターも併設され、地域交流の場となっている（筆者による絵）。

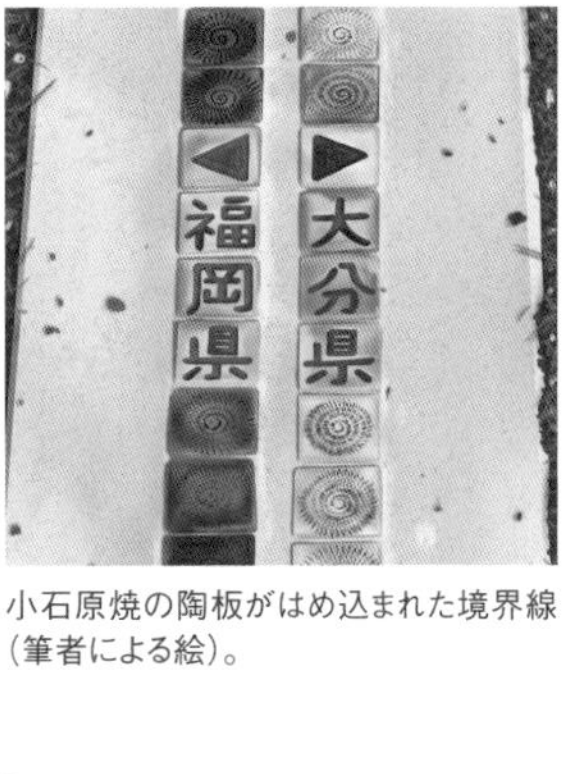

小石原焼の陶板がはめ込まれた境界線（筆者による絵）。

県境標と境界線がある宝珠山駅のプラットホーム（筆者による絵）。

その県境はホームの端にある。白く塗られた境界標には「県境の駅」と大きく書かれ、自治体名が下に入っている。標の根元からは直線状にコンクリートが打たれ、さらに憎い演出として、県境のラインを地元東峰村の特産である小石原焼の陶板をはめ込んで表しているのだ。とても手間のかかっている県境アピールで、ここまでしてくれると感動すら覚える。陶板の県境など、全国でもここだけであろう。

ホームが県境をまたぐことになった経緯については不明だが、歴史を調べると、江戸時代に境界線についてもめた事件があったらしい。元禄３年（１６９０年）に、豊後国と筑前国に属する村人同士が、耕作地を巡って争ったのだ。水害で川の流れが変わったことから境界が曖昧になり、なかなか話がまとまらなかったようだが、筑前国を治める福岡藩側の主張が通って境界が定められた。その時に据えられた境界石が、今も駅からほど近い国道の脇にある。

ちなみに当時の福岡藩主は、かの名軍師、黒田官兵衛の子孫である黒田家なのだが、この家は先の脊振山、そして本文では触れていないがアマンディの近くにある境界でもめていて、何か因縁めいたモノを感じてしまう。

さらに追記せねばならない。２０１７年の九州北部豪雨により、日田彦山線は甚大な被害を受けた。復旧について話し合われたものの、赤字路線で費用の回収が難しい事情もあり、２０２０年、宝珠山駅を含む添田－夜明間は廃止が決定した。現在ＢＲＴ（バス高速輸送システム）化に向けて協議が行われている。

つえたて温泉 ひぜんや

杖立温泉は熊本県の北東部、阿蘇郡小国町にある。１８００年の歴史があるといわれている当地の温泉の効能は著しく、諸説はあるが、杖をついてやってきた老人が、帰る頃には立てかけておいた杖を忘れるほど元気になったという逸話が、「杖立」という地名の由来とされている。杖立川沿いに十数軒の旅館が並

越境上等の巨大温泉ホテル

んで温泉街を成しており、九州の奥座敷として繁栄してきた。その一番端にある宿がこちらの「ひぜんや」だ。

この宿はすごい。とにかく規模が半端ない。地上9階建て、部屋数144と、それ一つでスパ施設として充分な設備を持つ浴場二つに加え、日本庭園風の外湯まである。ほかにもカラオケボックスやナイトクラブ、レジャープール、ゲームセンターにボーリング場まである充実っぷりだ。もちろん食事処もある。これだけでもお腹いっぱいになるが、さらに県境が通っている場所まであるのだからたまらない。

しかも県境の分かる場所は1ヶ所ではない。5階層分あるのだ。旧館の熊本館と新館の大分館を結ぶ「両国橋」という連絡通路上にある。「両国橋」とネーミングをした人は「分かっている」と申しあげるほかない。

県境の部分にはしっかりと「豊後路（大分県）」「肥後路（熊本県）」と入った銘板と、県境に生えていたという欅《けやき》の巨木をあしらった県境碑が置かれている。当然、床にも県境のラインが引かれているし、背後の金屏風には、熊本県側に「おてもやん」、大分県側に「吉四六《きっちょむ》さん」と、両県のシンボルまでもが配されている。県境スポットとしては完璧といわざるを得ない。すごい場所をつくってしまったものだ。

ちなみに、どうしてこの宿に県境があるのかというと、昔は熊本の方だけに宿があったが、建物を増築していくうちに県境を越えてしまったとのこと。川べりの平地のない場所なので、建て増していく方向がある程度限られていたという事情もあるようだ。結果として見事な県境スポットができて、宿としての売りが増えたのだから、宿も客も県境も、三方丸く収まったといえる。

ひぜんやの両国橋にある県境。各階層で装飾が異なるのも見もの。

宿の外観。ここだけ見るとそうでもないが、崖下と奥の方に建物が延々とのびている。

2日目
SECOND DAY

人工景観と自然林の県境

九重連山すそ野

阿蘇カルデラ周辺をドライブしたことのある方なら、あのエリアの景観の素晴らしさはご存じだろう。森林に放牧地、畑が地平の向こうまで延々と続く景色は、筆者のように普段東京にいて、車も持てずにいる人間には、非日常体験そのものである。

眺めを楽しむだけでも十分なのだが、ここならではの県境スポットもある。阿蘇カルデラの北東に位置する火山群、九重《くじゅう》連山。その麓を走る国道442号、通称「くるっとくじゅう周遊道路」が、熊本県産山《うぶやま》村と大分県竹田市の県境をまたぐのだ。

説明だけだと何のことはないと思われるかもしれないが、その境界辺りから南東方向を眺望していただきたい。どこか違和感があるはず。向かって右には牧草地、左には森林が見えるが、その境が不自然なほどに一直線なのだ。

もちろん自然にそうなったわけではなく人為的な操作によるものだ。もうお気づきだろう、この真っすぐな部分が熊本県と大分県の県境だ。両県で土地の使い方が違うのは、無論所有者の違いもあるだろうが、利用できる「地目」が異なるとも考えられる。

地目とは、その土地の主な使用用途を登記上区別するもので、宅地、山林、田、牧場など23種に区分される。同じ場所にあっても、自治体や地主の思想によって、土地の使い方は変わるのかもしれない。地図上にある境界線は実際の地面にはないものだが、ここはそのラインが目視できる貴重な場所だ。

道路にも両県のカントリーサインが設置されている。

周遊道路から見える景色。右の牧草地が熊本県、左の山林が大分県。

県境をまたぐ大ループ

寧静ループ橋

「ループ橋」とは、急勾配な場所で路面の傾斜を緩和するために、螺旋状に建設された橋のことをいう。この寧静《ねいせい》ループ橋も地形の険しい場所にあり、橋ができる前はつづら折りの狭い道を行くしかなかったそうだ。そして、この橋の上に熊本県と宮崎県の県境が通っている。カーナビの音声案内をつけて橋を通れば、県をまたいだことを知らせる声を立て続けに3回聴けるだろう。

　ところで「寧静」とは聞きなれない言葉だ。辞書を引くと「やすらかで落ち着いていること。平和で静かなこと。また、そのさま。（JapanKnowlege日本国語大辞典より）」とある。

　現地の案内板に由来が書かれていた。硬い長文の説明なので筆者が意訳すると、「この橋は、仙人が住むといわれるくらい山深いこの地に夢と希望を与えた。橋でつながった両県と町が、21世紀に向けて発展するように願いを込めて寧静の名をつけた」らしい。案内板のある橋の上側には駐車場もあるので、そこに車を停めて天祖降臨の山々を眺めるのも良いかもしれない。運が良ければ雲海も観られるらしい。

ループ橋を下から見たようす。高低差が結構ある。

荒尾市の飛び地

福岡県最南端の大牟田市と隣接する熊本県荒尾市は、炭鉱の町として知られていた。「三井三池炭鉱」といえば聞いたことのある方もいるだろう。石炭の時代にはおおいに栄え、専用に施設された三池鉄道は石炭と人員の輸送でにぎわった。エネルギー転換とモータリゼーションの波により、どちらも今はないが、それでも鉱山は

県境らしく、カントリーサインもある。

水問題を融通した名残の県境

1997年、三池鉄道の名残である三井化学の工場専用線は2020年まで稼働していた。

そんな大牟田市の中に、荒尾市の飛び地が3ヶ所ある。どれも住宅地の中に紛れてしまい、その場所に行っても境界標示も何もないので、詳細な地図を見ない限りそこが飛び地とは気がつかない。ただし注意深く見ると、停めてある車のナンバーが違うことが分かるだろう。

最大でも100㎡ほどの小さな土地たち。いったいなぜこのような飛び地が存在するのだろうか。ことの起こりは江戸時代にまでさかのぼる。当時、この辺りを流れる諏訪川流域の福岡側は、耕作に使う水が不足して困っていた。そこでこの地を領する福岡藩は、となりの熊本側の肥後藩に諏訪川の水を融通してもらえるよう頼み、1673年（寛文13年）に覚書を交わした。そして諏訪川に井堰を造り、川の水を福岡側に流してもらう見返りとして、福岡藩が肥後藩に譲渡した土地が、今も残るこれらの飛び地である。

飛び地の住宅は住所こそ熊本県であるが、電気などのインフラや、通学する学校など、生活の基盤のほとんどは大牟田市に属しているという。東京の飛び地である「西大泉町」（➡23ページ）よりもサービスが行き届いているのは、協力して炭鉱で発展した経緯がある両市ならではかもしれない。

飛び地の近所には、1km近くに渡って市道の真ん中を県境が通っている場所もある。道路はそれぞれの市が管理しているらしく、道の真ん中で舗装が変わる場所が延々と続く様子は見ものだ。

余談として「県堺らーめん」という名前のラーメン屋も県境近くにあったが、残念ながら今は営業されていない。

道路の真ん中、舗装が変わる辺りが県境と思われる。

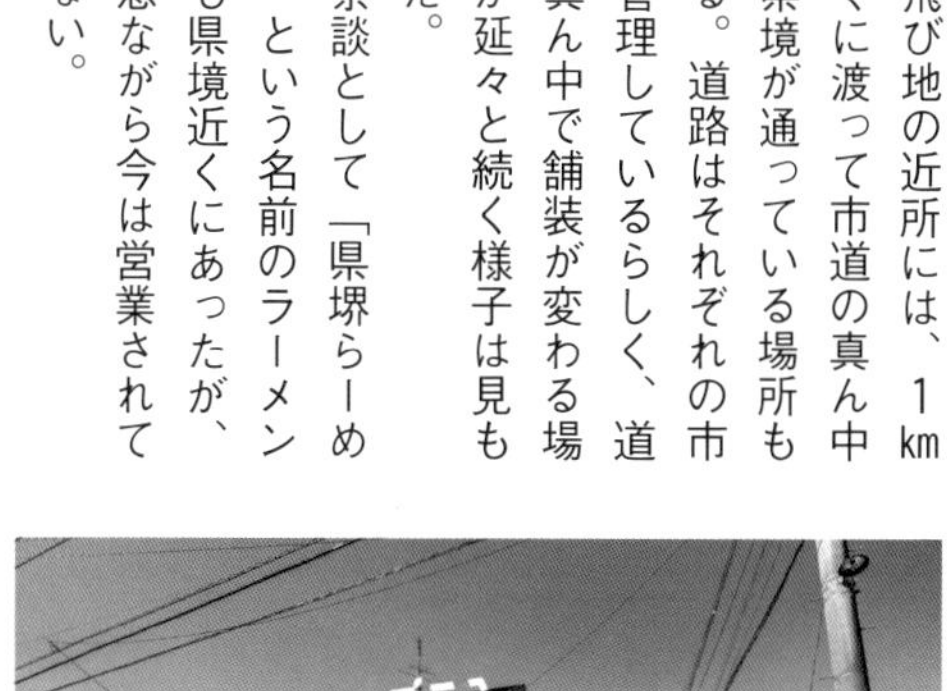

大牟田市の中にある荒尾市の飛び地の一つ。住宅が軒を連ねる。

県境ツアー
東北編

蔵王連峰〜鼠ヶ関

Zao mountain range ~Nezugaseki

東北地方は、中央から離れた距離的な隔絶、冷涼な気候、背骨のような山脈に阻まれた地形など、様々な意味で過酷だ。蝦夷と中央政権の争い、戊辰戦争、廃藩置県後も各県の思惑が境界で交錯し、県境には人々の生きた証が刻み込まれている。山形駅でレンタカーを調達して回る、東北の県境スポットを紹介しよう。

厳しい自然と運命に翻弄された東北の県境

TOUR SCHEDULE

1日目 蔵王連峰 ← 笹谷峠 ← 堺田駅 ← クアハウス巣郷温泉（※2021年閉業）

2日目 八幡平 ← 小舟渡海岸 ← 十和田湖

3日目 鼠ヶ関

1日目 FIRST DAY

美しい自然は境界トラブルの元？

蔵王連峰

　蔵王連峰は、火口湖である御釜と樹氷が有名な、いまさら説明の必要もないほど名の知れた観光地だ。単体の峰ではなく、奥羽山脈にあるいくつもの火山群の総称で、連峰の一つである刈田岳に、遠く大和国の金峰山から蔵王権現を勧請したことが名称の由来といわれている。

　エメラルドグリーンの水をたたえた湖と美しい峰々は、自然がつくった芸術という言葉がピタリとくる。そんな景色が人をひきつけるのか、この地は昔から境界を巡る争いが相次いでいた。刈田岳から蔵王連峰最高峰の熊野岳へ至る、「馬の背」とよばれる登山道のうち、熊野岳東側の300mほどの尾根が、宮城県と山形県の県境未定地なのだ。また、御釜の北方にあるロバの耳岩近辺は県境ではないものの、およそ2・5kmの距離が蔵王町と川崎町の町界未定地となっている。1698年に当時の旧村同士で調停が行われ、御釜は現蔵王町に属することが決まったというが、なぜか現在では境界が曖昧だ。

　1963年には、さらに境界を巡るトラブルが起こった。蔵王山観光のためのリフト建設で、当時異なる事業主体によって、2本の観光用リフトの許可申請が山形、宮城両県に出されたが、なぜか宮城県の方にだけ許可が下り、山

蔵王のシンボル「御釜」。写真左奥が熊野岳で、その手前の「馬の背」の一部が、境界未定地。

広大なる笹迷宮に関所跡を求めて

「蔵王」の由来となる蔵王権現を勧請した刈田嶺神社。

形県側に許可が下りるまでにはかなり時間がかかる事態となった。さらに宮城県側のリフトは山形県側にはみ出して建設されていることが分かり、関係所轄に通報されたものの、どうしたことか決まっていたはずの県境が移動され問題がないように処理されようとした。ここから話は両市町、県、国を巻き込んだ法廷闘争となり、決着には32年を要した。

裁判と並行して、故意に移動させられた県境を巡る両自治体同士による話し合いがなされ、１９８４年にようやく両自治体の話がまとまり、新しい県境が設定された。結果、先に開業したリフトの麓駅と山頂駅はそれぞれ違う県にあるという珍現象をそのままに、このリフトは今も観光客を乗せ続けている。ちなみに苦労して建設された山形県側のリフトは開業したものの、わずか2年で廃業となっている。

笹谷峠

国道２８６号と山形自動車道が奥羽山脈を貫く辺りは「笹谷峠」とよばれる。中世の頃から陸奥国と出羽国を結ぶ重要な輸送、交通路であり、軍事的にも重要な場所であったため、戦国時代には伊達氏と最上氏がこの峠を巡る攻防を繰り広げた。

峠のピークは比較的平らな場所が９００m続く。そのため「八丁平」とよばれ、峠の名前に偽りなく一面に笹やぶが生い茂る。昔は荒れ狂う吹雪で厳寒の氷地獄と化し、遭難

笹やぶの迷宮をさまよう。

たどり着いた有耶無耶の関跡。

者が相次いでいた交通の難所であったそうで、遭難者の鎮魂と道標として据えられた六地蔵、三界万霊、仙人大権現などの石碑、石仏が高原のあちらこちらにあり、当時いかにここが厳しい道であったかを偲ばせる。

もう一つ、峠には「有耶無耶の関跡」という場所がある。この「有耶無耶」という名前が、物事の真偽がはっきりしないという意味の「うやむや」の語源となっている。どうしてそのような名前がついたのか、それはとある伝説に由来する。昔、この辺りの山中に山鬼が住みつき、峠を行く人を食らっていた。人々が困っていると街道に神鳥が現れ、山鬼がいる時は「有耶」、いない時は「無耶」と鳴いたため、道行く人は難を逃れるようになった……という伝説だ。

その関跡へぜひ行ってみたいと思い、筆者は峠道をはずれて目指してみることにした。平らな地形なので歩きやすいかと思いきや、一面に笹やぶが生い茂る中、細い道が縦横に張り巡らされ、さながら笹の迷宮だった。起伏がないゆえに見通しも効かず、しばし道に迷ったが、なんとかたどり着くことができた。開けた場所に「有耶無耶関跡」という碑と案内板があるだけの場所だが、車も舗装路もない当時、吹きすさぶ雪の中で歩みを進めた旅人たちの苦労はいかばかりであったろうか……笹に囲まれた広場を見渡し、察するだけで頭が垂れた。

余談だが「有耶無耶」の伝説は山形県と秋田県の境にある鳥海山の方にもある。当時の神様はたくさん鳥を飼われていたのだろう。

堺田駅

水は地形に逆らうことなく、常に下へ下へと流れていく。古代の儒学者孟子は、そんな水のふるまいを見て「水は高きより低きに流れ…」と、人生の哲学を説いたという。

そんな水の流れも分岐することがある。「分水嶺」だ。水

この小川の分岐が運命の分かれ道。

数ミリの差が数百キロの差に！

が複数の流れに分かれる境界としての「分水界」が、山の峰などになっている所を指す。皆さんは観たことがあるだろうか、分水嶺を。近所にあることは稀だろうし、水の流れがどこで分かれるかなど、意識すらしないだろう。しかし東北にはあるのだ、そのような珍しい場所が。

ＪＲ陸羽東線「堺田駅」の前にある駐車場の奥に、小川が流れている。一見灌漑水路に見える細い流れだが、駐車場に接する所で東西二手に分かれていく。ここが分水嶺だ。

東に流れていくと宮城県の北上川水系、西に流れていくと山形県の最上川水系となり、それぞれ太平洋と日本海へ注ぐ。直前まで同じ流れだった水が、たったの数cm、いや、数mmほど流れる方向を違えたためにその後の運命を大きく変えるのは、なにか人生と重なるところがあって感慨深いものがある。ちょうど水路の分岐点にベンチがあるので、水の流れを眺めつつ、これまでの人生を振り返るのも良いかもしれない。

JR陸羽東線の堺田駅。"堺"田という名前が県境マニアの心をくすぐる。

県境の温泉でリラックス

クアハウス巣郷温泉（※2021年 閉業）

県境の宿は探すと意外にたくさんあることに気づく。本書でも四国の「ふれあい高原の家 天狗荘」、九州の「つえたて温泉ひぜんや」などをこれまで紹介して来た。東北にもそういう場所はないかと探し、見つけたのがこちらの「クアハウス巣郷温泉」だ。場所は岩手県の西和賀町。ＪＲ北上線のゆだ高原駅と黒沢駅の間にある。このあたりは温泉が湧き、巣郷温泉という名前で国道沿いに宿が並ぶ。そのなかでも一番西の端にあるのがこの宿だ。建物の中に県境はないが、敷地のすぐ脇に秋田県との県境が走る。元々は馬の湯治場として始まったという施設は、建て増しをしていった結果、初めての人は迷いかねない複雑なつくりをしている。案内図をひと目見て、すぐに

クアハウス巣郷温泉外観（※2021年 閉業）。

構造を把握できる人はＦＰＳ系ゲームが得意な人だろう。館内には二つの大浴場があり、筆者はそのうちの一つ「黄金風呂」に入ってみた。こちらの泉質は含硫黄ナトリウム塩化硫酸泉。高血圧や不眠症、リウマチ等に効能があるらしい。黄色に近い色のお湯で、「黄金」という名前はこの色味から来ているのだろう。少し石油のような香りがするのも独特だ。湯の温度も申し分なかった。

館内の雰囲気は、本館の方は昭和を感じる懐かしい風情があり、新館の方は設備がキレイで居心地が良い。

しかし、クアハウス巣郷温泉は残念なことに2021年に閉業してしまったとのこと。前を走る国道107号には、岩手県と秋田県の境を示す木製の県境標が据えられているので、マニアにはせめてこちらを訪れてみてほしい。

前を走る国道にある県境標。こういうものをぜひ全国に整備してほしい。

2日目
SECOND DAY

高原ドライブで県境へ！

八幡平

八幡平。一口に八幡平といっても、ここも蔵王連峰と同じく複数の火山群を含み、岩手県と秋田県をまたぐ広大な山域を持つ。八幡平の語源はこの地に八幡《はちまん》大神《おおかみ》を勧請したのが始まりというのも蔵王と似ている。山は盾を伏せたような緩やかな地形が特徴で、楯状火山とよばれる。八幡平の頂上近くには「八幡平ドラゴンアイ」で有名な鏡沼をはじめとした湖沼が多く、雪解けの5月から冬に入る11月初旬辺りまでは観光地として人気の場所だ。一般の人はそのよう

見返峠にある県境標。

山頂へ行く途中に見える八幡沼。

な美しい高原の景色に目が行くところだが、県境マニアの視線は違う所へ向く。八幡平アスピーテラインと八幡平樹海ラインという2本の道路が見返峠という場所で交わるが、実はそこが岩手県と秋田県の県境なのだ。そこには「八幡平レストハウス」と「松尾八幡平ビジターセンター」が並び、大きな駐車場も併設された八幡平観光の拠点でもある。大勢の人でにぎわい、大体の人は八幡沼などを観に山へ向かうが、県境マニアは道路脇に堂々と据えられている岩手県、秋田県の県境標に釘付けだ。記念撮影の際は車の往来にぜひ気をつけてほしい。

小舟渡海岸

平地の県境、橋の県境、山の県境。我々はこれまで沢山の県境を目にし、本書でも紹介してきた。はじめは県境なんてどれも同じと思われた読者の皆さんも、さまざまな県境があることに気がつかれたと思う。しかし今回ご紹介する県境は、そのなかでも極めて個性的である。なぜなら、境界標が海に存在するからだ。「え、それどういうこと？」と疑問に思われるだろう。まずは写真をご覧いただきたい。海から顔をのぞかせる岩礁に、はっきりと「堺」と彫られているのがお分かりいただけるだろう。これが青森県と岩手県の県境なのだ。正確にいうと県境はこの小舟渡《こみなと》海岸に流れ込む「二十一川」という幅1mほどの小川だ。海岸から少し陸に入った川岸には「縣界石」と彫られた立派な県境標もある。そしてこの陸の県境標と河口から十数m沖にある「堺」の岩の間に、天高くのびる3本の赤い旗がなびく。境界標と旗は、きれいに直線上に並んでいた。これはどういうことなのだろう……。

ちょうど川を渡って犬を散歩させていた地元の漁師さんがいらしたので話を伺ってみた。すると、この陸の標と海の標を結んだ直線上の海が、青森県と岩手県の漁業権の境であるという。なるほど、やたらと高い位置にある旗は、船の上からでも視認できるようにするためなのだろう。

限りある海の実りを円満に分けるために作られた先人の知恵。小川の流れは優しかったが、そこにある県境の実情は反面、とてもシビアなものだった。

見晴らし良く整備されたきれいな海岸の公園。

海から顔を出す「堺」と彫られた岩。

十和田湖

静かに湖水をたたえる景勝地として名高い十和田湖も、その周辺事情には目まぐるしいものがあった。かつては陸《む》奥《つ》国と出羽国の2ヶ国しかなかった東北地方は、明治元年（1868年）に陸奥国が陸奥、陸中、陸前、磐城《いわき》、岩代の5ヶ国に、出羽国が羽前、羽後の2ヶ国に分けられ、計7ヶ国となった。十和田湖周辺は陸奥（現・青森県）と羽後（現・秋田県）の所属になったかというとそうではなく、十和田湖西岸の鹿角《かづの》郡は陸中国（現・岩手県）の所属となった。その直後の戊辰戦争で、陸中国に領域を持つ盛岡（南部）藩は、旧幕府軍として秋田の新政府軍（久保田藩）と交戦。激戦ののち盛岡藩は敗れ、鹿角郡には秋田の官軍が進駐することとなった。その後、鹿角郡は九戸県や江刺県など、何度も所属県が変わる。廃藩置県後の1871年11月に江刺県も廃止され、鹿角郡は秋田県に編入された。こうして盛岡藩の所領は、秋田県に持っていかれた形となったのである。

そうして十和田湖は青森県と秋田県の県域となったが、

海に突き出た潮騒の境標

ここから県境のドラマは新展開を迎える。ヒメマスの養殖に端を発する、県境境界未定地問題である。支笏《しこつ》湖でヒメマスの養殖に成功した鉱山技師が、十和田湖でも養殖をしようと1901年に養殖許可を秋田県に申請し、漁業権の免許を取得。それに対し、管轄を侵害されることを恐れた青森県が、県境の境界を確定させる協議を提案した。話し合いを重ねたものの、お互いの主張がかみ合わず話はこじれ、以後100年以上もの間、問題は棚上げとなった。しかし県の面積に応じて配分される地方交付税交付金が、境界が定まらない十和田湖の分だけ減額されている現実には勝てず、青森、秋田両県は2008年にようやく境界線の合意に達した。

陸側はこの神田川が県境となっている。

戊辰戦争が転機だったかもしれないかつての県境未定地

戊辰戦争でもし旧幕府軍が勝っていたら、この地は旧盛岡藩の領地のまま、境界問題も起きることはなかったのだろうか……取材中、湖畔の定食屋でヒメマスの天丼を食べながら、そんな思索にふけった。

この十和田湖の湖面上に県境が走る。

3日目
THIRD DAY

かつて奥州三関の一つだった県境

動車のナンバーも新潟のものもあれば庄内のものもあり、運輸局の管轄の違いを示している。

　しかし、なぜこのようなややこしいことになったのだろうか。この地の歴史を見てみると、大昔からここには関所が設けられていたことが分かっている。福島―茨城の勿来《なこそ》関、福島―栃木の白河関と並ぶ奥州三関の一つ、念珠《ねず》関だ。どの関も北の蝦夷をにらんで設けられた施設で、念珠関には防御柵や製鉄所跡なども見つかっており、当時の軍事拠点であったことが伺える。江戸時代にはまた近くの別の場所に関がつくられ、戊辰戦争の時には佐幕派の庄内藩がこの地を占拠し、新政府軍と激闘を演じることもあった。

　そのような歴史から考えるに、新潟県村上市の伊呉野地区が、山形県側の鼠ヶ関集落に食い込むようにしてあるのは、激しい勢力圏争いの名残なのかもしれない。

鼠ヶ関

　新潟と秋田を結ぶＪＲ羽越本線は、山形県と新潟県の県境の辺りで海岸沿いを走り、日本海を望む車窓が楽しい区間となる。その途中、「鼠《ねず》ヶ関」という駅から歩いて数分の場所に、山形県と新潟県の県境がある。そこには『右　新潟縣　左　山形縣　境標』と掘られた立派な境界石標と、地面のアスファルトに県境を示す破線と県名、さらにご丁寧なことに両県をまたがるように足跡もペイントされている。ここに足をのせて記念写真を撮ってくれといわんばかりだ。筆者も吸い寄せられるように足をのせて写真を撮った。道路の向かいには県境スタンプなるものも用意されている。これほどホスピタリティに富んでいる県境は全国的にも珍しい。

　この県境の特殊性はそれだけではない。県境が鼠ヶ関の集落の中にあるのだ。先述の県境標は新潟県側の民家の真横に建っている。すぐとなりの家は山形県だ。停められている自

両県名、境界線がそろった見事な県境。

県境石標の近くにある古代鼠ヶ関址。

単独でも行きたい！

県境ツアー 番外編

おすすめ県境スポット
Bonus track

47都道府県の境界線は、当然であるが日本中いたる所にある。県境スポットもそれに比して、これまで紹介してきた場所以外にも無数に存在する。ここでは、本編で取り上げたかったが、ツアーという性格上、ルートに組み込めなかった場所を二つ紹介しよう。

海の下にある県境

関門トンネル人道の県境部分（2013年当時の様子を描いた筆者による絵）。

火の山展望台から見た、関門海峡。

関門トンネル人道

関門海峡は本州島と九州島の間にあり、日本海と瀬戸内海を結ぶ重要な水路である。その最狭部は幅650m、水深20mとかなり狭く、水位差と潮流の速さもあって、交通の難所として知られている。

この関門海峡には、6つの交通手段がある。JR山陽本線の関門トンネル。山陽新幹線の新関門トンネル。中国、九州自動車道の関門橋。海上を行く関門連絡船。国道2号線である関門国道トンネル。そして、その下にある関門トンネル人道だ。関門トンネル人道は、関門国道トンネルの下段に設置され、自動車は通れないが国道扱いである。このように海上、橋梁、地底と、多層に渡る交通網を持つ海峡はとても珍しい。

トンネルへのアクセスは、自転車や原付バイクを悠々とのせられる定員40名の巨大なエレベーターが2基稼働。駅から離れているものの、トンネル内は歩行者やロードバイクを押す自転車乗り達でにぎわっている。

注目の県境は、海底トンネルの延長780mの中間付近にある。

オレンジの床に、県境を示す白いラインがくっきりと引かれ、山口県と福岡県の県名も大きく書かれている。普段県境を意識していないであろう人達も、ここではさすがに歩みを止め、それぞれ思い思いに記念写真を撮っている。普段目立たない県境が衆目を集める……県境マニアにとっては、晴れ晴れとした気持ちになる嬉しいスポットだ。

最奥にある6号トンネルを抜けた先の広場が、愛知県と岐阜県の県境に面している。「県境広場」と名づけられたその広場には、保存再生委員会が私設した「県境駅」という標識があるので、県境マニアはチェックだ。

廃線トンネルの先にある県境

愛岐トンネル群

愛知県と岐阜県の県境を挟んだ、中央本線（西線）の定光寺駅と古虎渓《ここけい》駅の間に、旧国鉄の廃線トンネル群がある。1900年（明治33年）に開通した「愛岐トンネル群」だ。

1966年（昭和41年）に電化及び複線化で新線に切り替わるタイミングで廃線となり、一度は人々の記憶からも消えた。しかし、2006年にある老人の言葉からトンネル群の捜索が始まり、半年かけてこれを発見。再び人の目に触れることとなった。

翌年には保存と再生を目的とするNPO法人が立ち上がり、再生活動と調査を開始。経済産業省からは「近代化産業遺産」に認定され、碓氷峠トンネル群、北陸線トンネル群と共に、「日本3大廃線トン

トンネル群見学は、こちらの3号トンネル（玉野第三隧道）から始まる。入口には、当時走ったD51型蒸気機関車の実物大の幕がかかる。

ネル群」の一つに数えられている。

現在は12㎞あるトンネル群のうち、3〜6号トンネルの1・7㎞部分が整備されて、新緑や紅葉の時期など、年に数回、一般公開されている。最奥にある6号トンネルの先が、愛知県と岐阜県の県境に面していて、その広場に設置された「県境駅」という標識は、県境マニアとして必見だ。

東京駅をはるかに越える1800万個のレンガを使ったトンネル群は、鉄道黎明の当時を偲ぶ貴重な遺産なので、公開時期が来たら一度は訪れてみていただきたい。なお、現地は駐車場がないので、鉄道で行くことをお勧めする。

知って楽しい
県境の歴史

History of Prefectural Borders

古代から
47都道府県への変遷

現在ある1都1道2府43県は
日本国が成立したその時からあったわけではもちろんない。
明治21年に、愛媛県から香川県が切り離され
昭和18年に東京に都制が施行され成立した。
では、その前はどうなっていたのだろうか。
ここでは、この国土に刻まれた境界線の歴史と
その背景を振り返ってみよう。

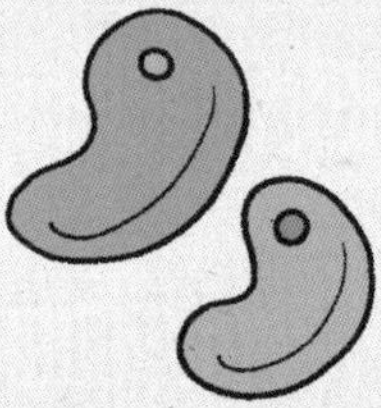

古代の列島

「境」の概念が生まれた

**境界が誕生したのは、水稲栽培が富を生み、
それを守るために”クニ”が誕生したことによる。
境界とは、安全な「中」と危険な「外」を分ける概念なのだ。**

日本列島における人間の営みは旧石器時代に始まる。約1万5千年前の縄文時代になると、すでに国土のかなりの範囲に人が分布していたことが分かっている。水稲栽培が始まり、弥生時代に入ると富が生まれ、人々はそれを守るために、**ムラがまとまりクニとなった。**

西暦1世紀頃にまとめられた中国の史書『漢書』地理志にある「楽浪郡（今の朝鮮半島）の海の向こうに住む**倭人は、100余りの小国に分かれている**」という記述が、日本に関する最古の記録だ。そこから2世紀頃に書かれた『後漢書』東夷伝には、倭の奴《な》国による朝貢の様子が記され、3世紀の『魏志』倭人伝には、**卑弥呼が小国群をまとめている**旨が記録されている。その頃の列島は小国が無数にあり、それらが連合して、連合国同士で争っていたと思われる。

古代王権から律令国家へ

県境の原型と日本が誕生！

**今の県境の形に影響を与えた大きなイベントが古代にあった。
古代ヤマト王権の登場と、律令国家の誕生である。**

4世紀に入ると、各地方に有力な豪族が現れ、地域の王（首長）となる。列島には、のちの**「国」や「郡」に匹敵する領土をもつ、これら「国造《くにのみやつこ》」が無数に存在した。**そのなかで**最も強い勢力が、奈良盆地を発祥とするヤマト王権**であった。ヤマト王権は畿内にあった有力豪族の連合体で、その盟主は大王《おおきみ》とよばれた。ヤマト王権は武力による制圧だけでなく、地方の首長に対してはその領地を認め、氏姓制度により中央の有力豪族と名目上の同族関係を締結したり、鉄や鏡の配布、古墳築造の技術を伝授するなど、地方への影響力をのばしていった。

6世紀に入るとさまざまな法がつくられるようになり、国家の土台が徐々にできていく。「境」に関係した事件としては、**589年に崇峻《すしゅん》天皇が、東山道、東海道、北陸道に使者を遣わしている。**東山道では蝦夷《えみし》との境、東海道では東方の沿岸諸国の境、北陸道では越国の境などを調べ、その国境を画定させたという記録がある。

604年には憲法十七条が制定され、646年（大化2年）になると「改新の詔《みことのり》」を発布、これまでの行政のあり方が大きく変わった。**土地と民は国のものとされ、「国造制」が廃止、かわりに「評制」が始まる。**評制とは地方の行政組織で、豪族の支配地であった土地を「評（後の郡）」とし、豪族を「評督（後の郡司）」に任命するものだ。評の下には、50戸を一つの単位とした下部組織が作られ、大規模造営や戦争時には、その単位ごとに人の供出がなされた。この50戸の単位は、のちに「里」とよばれるようになる。**この評制が、現在の「都道府県」のひな型となる「令制《りょうせい》国」の、そのさらに原型となっ**たと思われる。また、全国の役人に、それぞれの国の地図の作成を命じた。なお、これらの地図は、現存していない。

672年（天武元年）に壬申の乱が起き、大海人皇子が大友皇子を倒し、天武天皇となる。この古代史上最大の内乱は、県境（国境）事情にも大きな影響を与えた。675年に**評の上級職である「国司」の制度**を立ち上げ、中央の役人を「国府」という役所に派遣して評を統制した。これにより評督と中央のつながりを整理し、全国に均一な行政を行う地盤ができた。続けて681年に律令の編纂が始まり、690年にこれまでの法をまとめ、体系立てた「飛鳥浄御原令《あすかきよみはらりょう》」が頒布された。さらに「庚寅年籍《こういんねんじゃく》」とよばれる戸籍が作成され、班田収授《はんでんしゅうじゅ》が始まる。大化の時代にうたわれた公民の支配が、ここにきてようやく効力を発揮した。

そして701年（大宝元年）、ついに県境的エポックメイキングな事件が起きる。「大宝律令」の完成だ。大宝律令は「律＝刑法」「令＝行政法」からなる体系的な法典で、ここで初めて**国号を「日本」と定め、**法によって統治される一端の国であることを内外に示した。この法により、行政もまた改革がなされた。これまでの**「評」を「郡」と表し、**50戸ごとの単位を「里」と称した**「国郡里制」**の枠組みが完成。さらに**行政区画として「令制国」が制定**される。これまでも崇峻天皇や天武天皇の時代に国境の画定は試みられ、現地の慣習でも国の境は認知されていたと思われるが、ついにここに、令制国（いわゆる「旧国」）という区分けが法として明文化された。

3

五畿七道

68の令制国と、広域地方行政区画である五畿七道。

参考:「戦国時代勢力図と各大名の動向ブログ」
(https://sengokumap.net/province-map/province-map/)

五畿七道

県境のひな型「令制国」ができる

中央が地方を統制するために設定した行政区画「令制《りょうせい》国」と、それを機能させるための「五畿七道」。これがのちの旧国、すなわち県境へとつながっていく。

律令により、全国に「令制国」という行政区画が設けられた。その数は66と2島。2島というのは対馬《つしま》と壱岐《いき》のことで、合わせて68ヶ国の領域は、現在の南西諸島と北海道を除く、ほぼ全土に及ぶ。（もっとも、この時代の東北北部は蝦夷《えみし》の居住地で、中央政権の完全な支配地とはいえず、蝦夷とは朝貢関係が続いていた。）

そしてこの**68の国が地方エリアごとにまとめられた。それが「五畿七道」である。**政権中枢である山背（後の山城）、大和、摂津、河内（と、後に河内から分離する和泉国）の**5国を「五畿＝畿内」**とよび、七道は畿内から放射状に伸びるエリアを指し、時計回りに**北陸道、東山道、東海道、南海道、西海道、山陽道、山陰道**に分けられた。今の関東地方や中部地方などとは区分けがかなり違うが、これは都から全国へのびる官道でまとめたからである。当時の官道は、現代人が想像する以上に大規模なもので、可能な限り真っすぐに、谷を埋め山を削り、道幅も広く、土壌も改良したかなり手の込んだ道であったといわれている。要所には駅が設けられ、使者はその駅ごとに馬を乗り換え、中央と地方との情報伝達を迅速に行っていた。そのような意味において、**この長細い広域地方行政区画は合理的であった**と思われる。

国の名称においては、713年（和銅6年）に元明天皇による「好字二字令」の

税収による「国」の分類

『延喜式』で定義された国のランク。

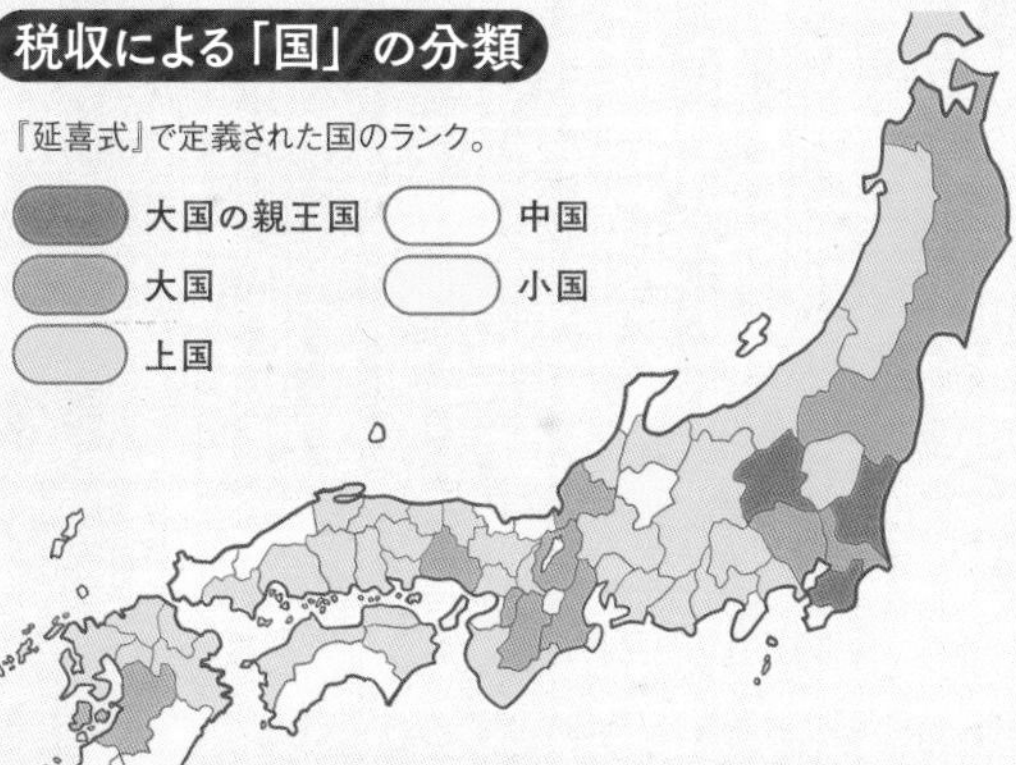

参考:「WhiteWind歴史館」(https://earlgreyimperial.bufsiz.jp/edo_q/edo_q01_bukekani_2.htm)

勅命が出て、中国にならい、それまで国の名前を、良い意味の漢字二字で表すことになった（木国→紀伊国、泉国→和泉国など）。
また927年（延長5年）に編纂された「延喜式」では、各国を国が管理する農地の大きさや、上がってくる税の多さなどで**「大国・上国・中国・小国」**に、畿内からの距離により**「近国・中国・遠国《おんごく》」**に分類した。ちなみに、現在もある「中国地方」の名称は、その名残といわれている。
令制国の行政区分は、こののち明治時代まで使われる日本地理の基礎となるが、この制度が廃止となる正式な行政手続きはされていないため、現在でも死んでいない区分でもある。（生きているともいい難いが。）

武士の時代

武力による統治で「境」は無法に

律令国家を誕生させた政権が弱体化し、かわりに武士が地域を統治し始める。「中央政権、なにそれおいしいの?」県境の歴史にとっては受難の時代だ。

4

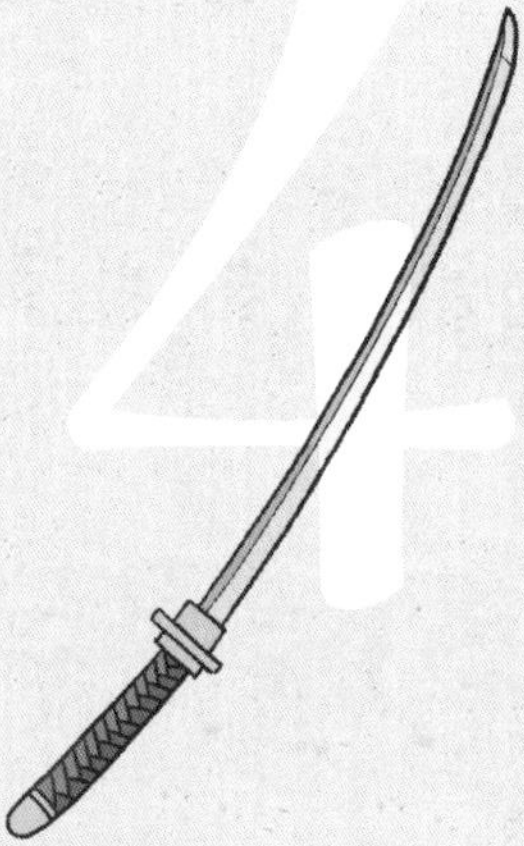

7世紀の飛鳥時代に律令国家となり、奈良時代、平安時代と貴族が国をつかさどる時代が続いたが、10世紀後半に武士が台頭してくるようになる。その背景には班田《はんでん》収授《しゅうじゅ》による税徴収システムの機能不全や、それにともなう受領《ずりょう》（国司）への権限の集中、税逃れで農地の寄進を受けた荘園や寺社の肥大化などがあった。
盗賊などの組織的な犯罪が増えて治安が悪化しており、政権はその対応に頭を悩ませていた。対策として、**国司に独自に兵を集める権限を持たせる**官符を出し、治安回復を計った。集められたのは、武装農民や腕っぷしの強者ども。いわば毒をもって毒を制した形で、平将門の乱を鎮圧するなど、それは一定の功を奏した。

畿内からの距離による国の分類

『延喜式』で定義された国の分類。
参考:「由来タイム」(https://zikanwakaran.jp/2019/06/01/chugoku-chiho/)

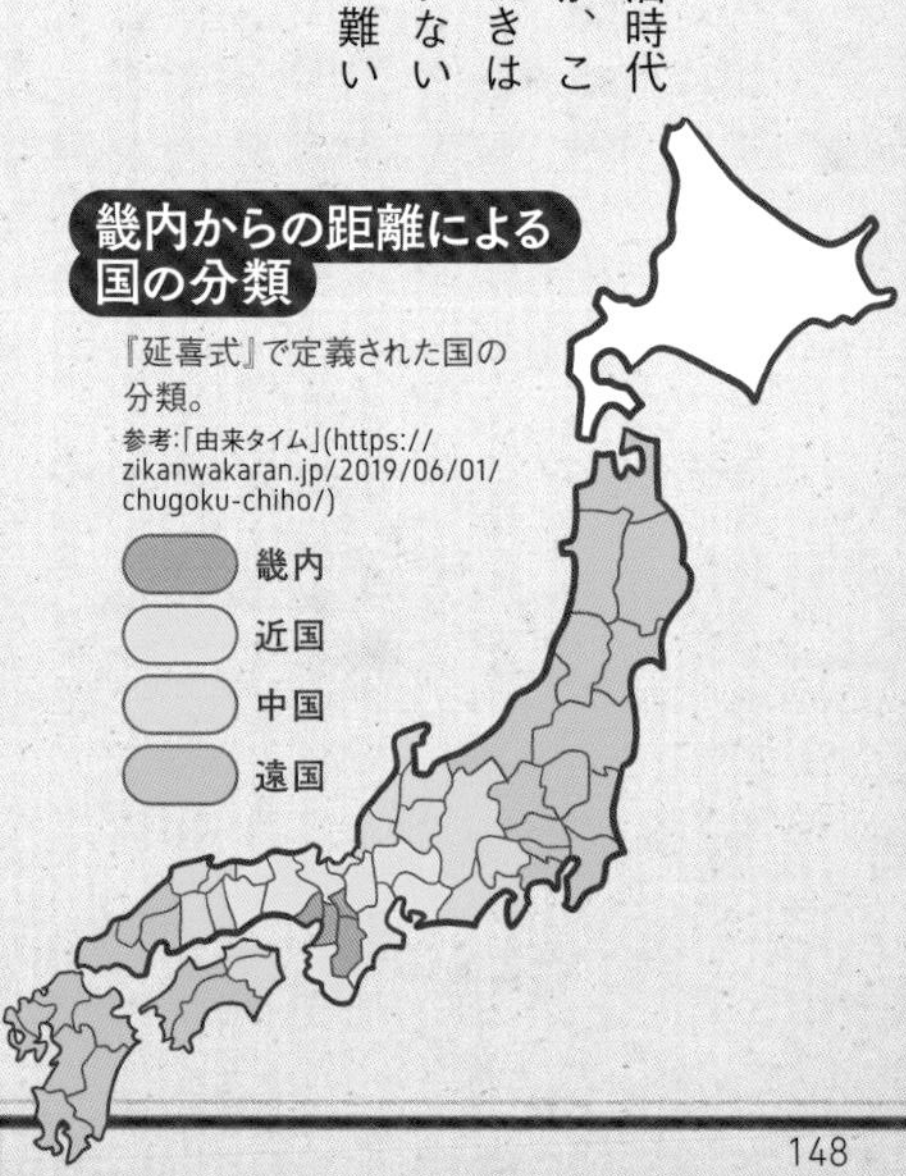

しかし、そうした武勲は実力部隊の武士が、「守護人」として頭角を現すきっかけにもなった。もう一つ、律令で定められた軍制においても、源氏や平氏などの武士があてられていくようになり、ここも武士の台頭を許す土壌となった。

その後、武士の影響力は、後白河天皇と崇徳《すとく》上皇の時代になって、ついに政権中枢にまで及ぶようになった。都での平氏の専横を許し、源氏がそれを打倒すると、ついに鎌倉に、**武士の、武士による、武士の世のための政治機構「鎌倉幕府」が誕生した。**鎌倉幕府は、当時諸国で独自に兵を編成していた守護人とよばれる有力武士に、全国統一的な制度となる**「守護」という地位**を与え、国ごとにその職を置いた。その設立は平家、義経追討という時限的な名目で朝廷も許しはしたが、幕府としてはこれを恒久的な組織にする算段であったという。

守護は、一国内の軍事検察の掌握が当初の権能であったが、時と共に権力を拡大していく。室町幕府の時代に刈田狼藉《かりたろうぜき》（田畑の勝手な刈り取り）の取り締まりと、使節遵行《しせつじゅんぎょう》（不動産訴訟の現地手続き）が守護の専権となると、一気にその権力を強め、行政を担っていた国衙《こくが》を取り込み、守護請《うけ》や半済《はんぜい》といった税に関する権利をも取り込むなどして、国内の支配を強めていった。世襲化も進み、**権力がゆるぎないものとなった守護は、いつしか「守護大名」**とよばれるようになった。さらに、国内の地頭などの武士たちを束ねることに成功した守護大名は、1467年（応仁元年）から始まった**応仁の乱を経て「戦国大名」**となり、各地域に根を張っていく。戦国大名の多くが守護を名乗るのは、それが幕府によって与えられた正当な権威であることを内外に示すためである。

戦国大名は独自の国内法を整備し、町の建設、鉱山開発、治水工事など領域の開発に努め、半独立的な国家として経営に専念していた。領土拡張などの小競り合いはあるものの、当初は基本的に天下統一に野心を見せるような大きな動きはなかった。それが織田信長の登場によって天下統一の流れができ、その後を継いだ豊臣秀吉が天下を統一すると、境界的観点において、大きなイベントが起こる。

参考：「戦国サプリメント 戦国未満」(https://sengokumiman.com/sengokudaimyoutizubunroku.html)

16世紀末 諸大名の勢力図

（※大名の氏名は主なものを抜粋）

戦国時代末期における諸大名の勢力図。群雄割拠の時代、天下は細かい領土に分かれていた。

太閤検地と村切り

戦国の世が終わり大イベント発生!

豊臣秀吉が行った太閤検地と村切りは、現在の市町村境に大きな影響を与えた。国中の村の境界と人口、耕作地が調べ直されたのだ。

天下を統一し、大規模な戦闘が終息すると、統一事業を安定的に行うために、**秀吉は各国に土地の実態把握を命じた。いわゆる「太閤検地」である。**天下統一前から支配地の寺社や有力者から人口、知行地の広さ、年貢高などを申告させる「指《さし》出《だし》検地」という手法を取っていたが、各国でその基準となる尺度がバラバラで比較ができないため、**計量に使う枡《ます》や測量で使う間竿《けんさお》を統一し**、改めて検地を行わせた。また、郡に関しては戦国大名や荘園が私的につくったものが多かったので、**律令国家当時に定めた郡に仕切り直す必**要もあった。

検地の際に重要視されたのが、村の再編と境界の確定である。土地の支配において、村の人口と耕作地の面積は基本となる情報だ。これまで「村」は、人口集積地とその村人が耕す農地という、曖昧な輪郭をもつものであったが、以降は全ての耕作地がどこかの村に属することになり、隣村との境界もなるべく入り組まないよう明確に定められた。検地は現地の農民の手は借りず、菓子や金銭の収受も禁じ、えこひいきすることなく、担当の検地奉行《ぶぎょう》による話し合いで進められた。この時、土地と人の実態を掴みやすくするため、村を小さく分けていく手法も取られた。**検地で土地と村の関係が整理され、村人がそれぞれの村に紐づけられる、この政策を「村切り」とよぶ。**

また、検地により耕作面積から石高《こくだか》が割り出され、それが郡、国の単位にまとめられ、各国の国力が可視化された。この「石高制」が、秀吉が狙う次の政策に活かされる。土地の「領知権」と「所有権」の分離である。領知権とは、年貢を取る権利と領域内の裁判、行政権のことで、所有権は土地を所有する権利を指す。**大名や家臣には、決められた石高を得られる領知権を与え、百姓には土地の所有権を与えた。**これまでの戦国大名は土地に根差した地域権力であり、土地が力の源泉であった。秀吉は大名とその土地の切り離しを試みたわけだが、それはもちろん、大名が土着して地域で力をつけることを防ぐのが狙いだった。土地を失った家臣は領主に雇ってもらう必要があり、領主もむやみに家臣を増やせず、兵力の増強が難しくなった。これにより抵抗勢力の抑制につながり、政権の延命にも寄与した。また、百姓に土地を所有させることで、耕作放棄を減らして国内の経済が安定し、その結果、天下の平和にもつながった。

百姓の土地所有と、領主を数年おきに交換可能とする石高制は、画期的な手法であった。だが、その基準となる石高も、中世から続く郡、国の領域が決まっていたからこそ量ることができた。秀吉が画策したこれらの制度は、のちに徳川家康が権力を握り、江戸幕府となったあとも、政策の基礎となった。

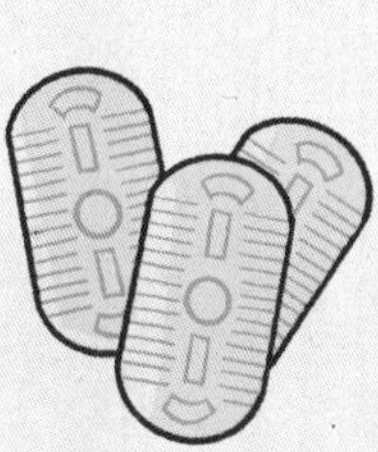

6 領知権の混乱と江戸幕府の弱体化

大名の担当領地を席替え！

転封《てんぽう》システムで国内の大名を大規模に配置転換し、江戸幕府が始まった。しかしこの制度は充分に機能せず、幕府弱体化の遠因となっていく。

関ケ原で大勝し、江戸幕府を開いて天下人となった徳川家康は、西軍から没収した600万石ともいわれる領地を再配分するにあたり、**大名が担当する領地の大規模な配置転換**をした。親藩《しんぱん》とよばれる、徳川家に連なる大名家を、江戸とその周辺や名古屋や紀州などの重用地に。譜代《ふだい》という、関ケ原以前から仕えていた大名を、江戸と京を守る要地に。そして外様《とざま》である関ケ原以降傘下に入った大名を、遠隔地に配置するという施策だ。これにより、もし外様大名が造反しても、江戸や京の朝廷に軍勢を送りにくくし、幕府の覇権を盤石なものにするのが狙いだった。

しかし、この外様を遠ざけた方策が、後に幕府を脅かすことになったのは皮肉であった。大名を容易に配置転換できる転封が機能したのは、実際の所は親藩や譜代がほとんどであり、地方の島津や毛利などの大大名を動かすことは、現実的に無理であった。身内が転封《てんぽう》を繰り返すなか、地方の外様たちは在地権力を強めていき、**時代が進むにつれ、次第に転封自体も行われなくなっていった。**太閤検地で統一されたはずの間尺や計量も、各地で独自のものが使われるようになり、帳簿の記載もちぐはぐなものが増えていった。また、各領地で藩札の発行も増えていた。藩札は地域経済に直接影響があるため、発行した藩の転封はますます難しいものとなった。江戸末期には260以上の大名で藩札が使われていたという。

さらに、各地で勝手な関税の徴収も行われ、幕府よりたびたび禁止の通達が出されたが、こちらも幕末まではびこっていた。

加えて、**譜代や親藩の家臣や大名への石高の加増には貢納地を新たに与えた**が、必ずしも地続きというわけにいかず、細かい時には村の土地を農民一人単位で切り刻み、**飛び地として与える**こともあった。その結果、各大名や旗本の領分は無数の飛び地で構成されることになり、これも権力の希薄化に拍車をかけた。結果として、**時と共に幕府の権力は分散、弱体化**していき、当初目論んでいた石高による官僚的支配は頓挫した。そして、外国の驚異が現実のものとなった時、地方から反撃ののろしが上がった。

7 大政奉還から新政府へ

大混乱の県境誕生前夜

力を失った幕府がついに政権を返上すると、国内は権力を巡っての大騒動となる。幕府終焉から県境誕生までの経緯には、産みの苦しみがあった。

1664年ごろの領地分布

江戸時代の大名領地。遠隔地に外様が多く配置されていた。

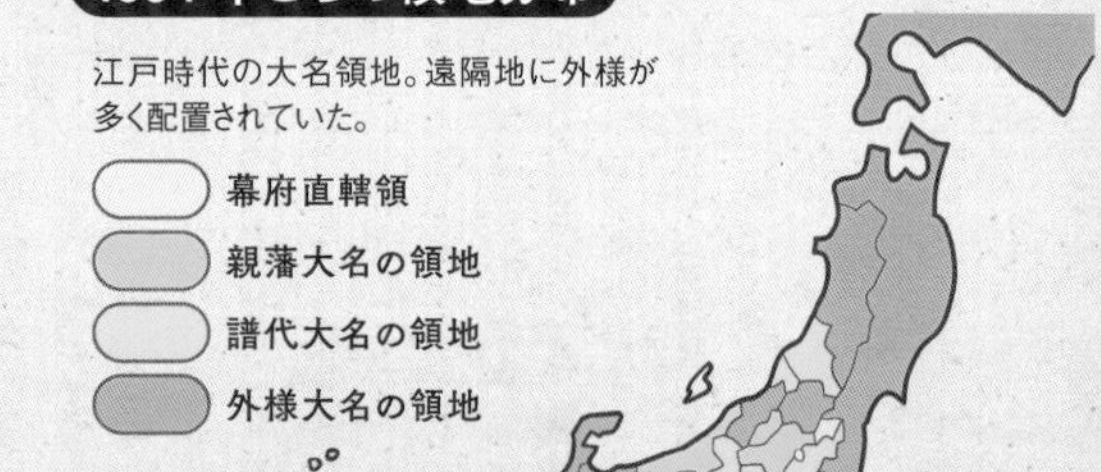

参考:「NHK for School 大名配置図」(https://www2.nhk.or.jp/school/movie/clip.cgi?das_id=D0005403039_00000)

列強の外圧に抗しきれない江戸幕府は、体制の維持に限界を迎えつつあった。そのなかで出てきたのが**「公議政体論」**である。幕府を廃して政権を朝廷に返し、**国家のまつりごとは、藩主達と有力藩士でつくる諸藩連合政権で行うべき**という政権構想だ。1867年（慶応3年）、時の将軍徳川慶喜は、それに応える形で**「大政奉還」を朝廷に上奏した**。その10日後には将軍職の辞表も提出し、260年続いた江戸幕府は、事実上ここに終わりを迎えた。しかし政権は返上しても、慶喜は自らも、その新しくできる諸藩連合政権への一大名としての参列を志向していた。だが、江戸の薩摩藩邸焼き討ちと、その後の鳥羽伏見の戦いから始まる戊辰戦争の責任を取り、慶喜自身はついに新政府に関わ

陸奥と出羽が分割された令制国

明治に入ると、、陸奥国と出羽国が分割され、68ヶ国が73ヶ国になった。

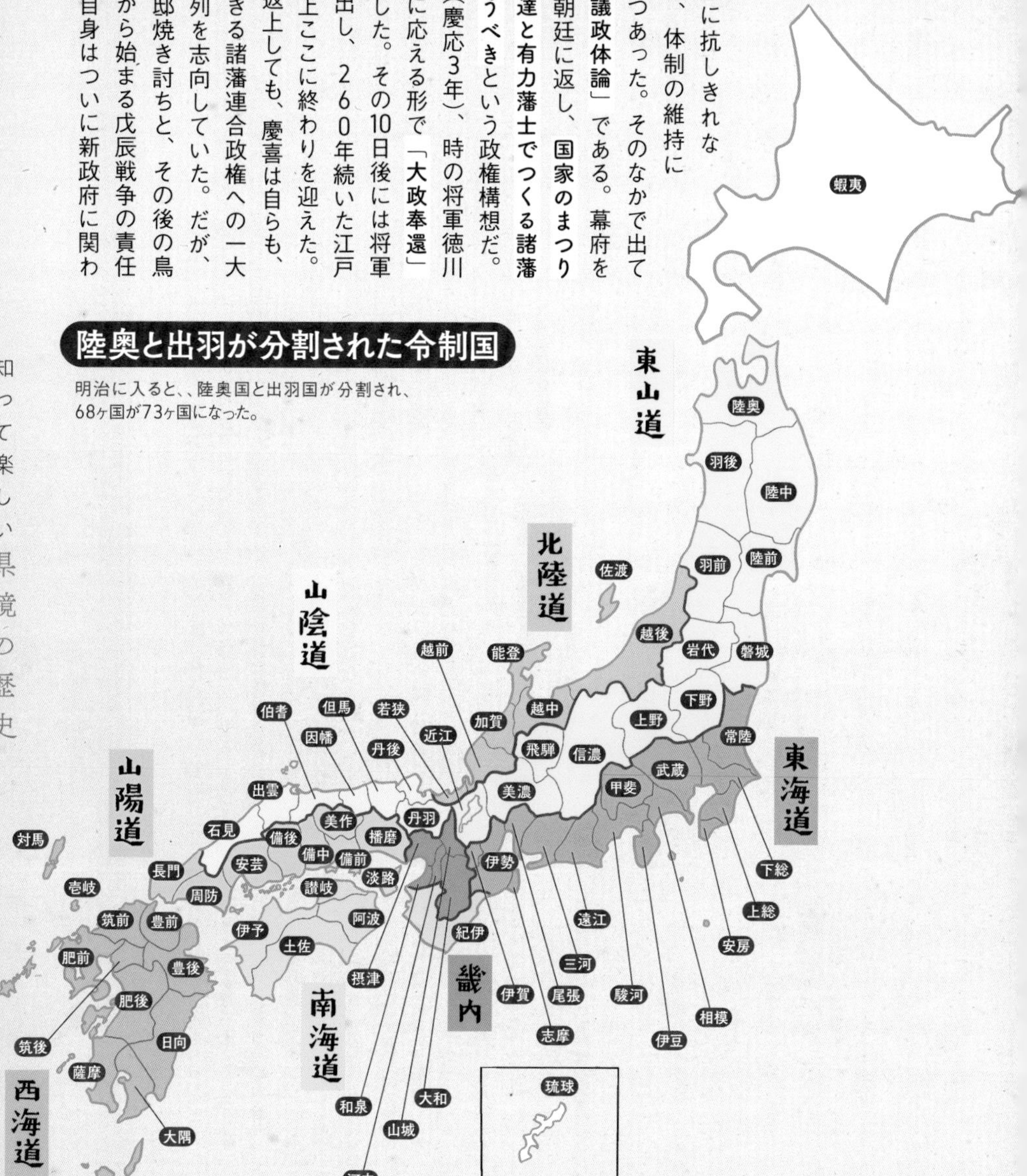

参考:「「昔」と「今」の日本 ～旧国名地図～」(https://www.terachiyo.com/gakumon/gakumon-7.htm)

ることはできなかった。

1868年（慶応4年）、天皇が京都御所にて維新政府の基本政策を発した。**「五箇条の誓文」**である。当初の草案では公議政体論に基づき、諸藩による列候会議が国策の最高決定機関になるはずであったが、誓文では実質天皇の親政であるとされ、諸藩がその誓約書に署名することで、**天皇による統治が始まった。**

その後、維新政府は**諸藩を大藩（40万石以上）、中藩（10万石以上）、小藩（1万石以上）に区分**し、各藩に対し、新政府に合わせた藩内の大改革を指令した。そのひと月後、新政府は具体的な体制を明文化した「政体書」を布告した。この政令で注目すべき点は、この政体書によって、**初めて「藩」という名称が用いられた**ところだ。江戸幕府では、公式には藩という名称は使っていなかった。幕府では大名領を、領分や領地、知行所とよんでおり、藩は、儒学者の学術用語であったり、俗称として藩士などという名称が、一部で使われていただけであった。政体書では、**政府直轄地（反乱大名の没収領地や幕府直轄領）を「府・県」とし、その他の大名領地を「藩」とする旨を定めた。**これを**「府藩県三治制」**とよぶ。全国に**3府41県**（と、従来の各藩領）が設置され、府には知府事、県には知県事、藩には知藩事（藩主）を置き、地方行政区画として統制されるようになった。府藩県三治体制は、当時の政府が新しい枠組みを模索しながらも、藩を存続させる意図でつくった政策であり、この時点ではまだ廃藩置県の構想はなかったという。1868年（明治元年）12月7日には、太政官布告で大きすぎる**「陸奥国《むつ》」**を、**「陸奥」「陸中」「陸前」「岩《いわ》代《しろ》」「磐城《いわき》」**の5国に、**「出羽国」**を、**「羽前」「羽後」**の2国に分割した。これで**五畿七道68ヶ国が、73ヶ国になった。**

8 版籍奉還にすがった藩主達

藩消滅の危機に現れた悪魔のささやき

幕府が消え、藩制度の存続が危ぶまれると思われたその時！
版籍奉還というイベントが発生する。
それに賭ける藩主達の運命やいかに。

府藩県三治体制としたものの、その後諸藩の実情は変容していくことになる。その原因は戊辰戦争だ。**戦争により、各藩の財政は逼迫した。**上がってくる年貢だけでは賄えず、豪商からの借入や藩札の乱発で、償還ができない額に上った藩もあった。さらに朝敵となった反乱大名では、領地の没収もあり、家禄もまともに支払えない有様となった。官軍となった藩も戦費の負担に苦しんだうえ、戦地の陣頭に立った藩主が誰ひとりおらず、**藩の求心力は落ちた。**かわりに、天皇の権威が日に日に増していく。国内中、全ての藩が何かしらの問題を抱えているといってよく、鎌倉時代から続く武家による社会は、もはや瓦解寸前であった。

藩の体制と、自身の立場を守るため、捲土重来の手を模索していた藩主たち。**苦悩する彼らの前に現れた、魅惑の果実が「版籍奉還」**であった。

版籍奉還とは、王土王民論に基づき、任されていた**「版＝土地」「籍＝人民」**を、**天皇に返す**というものである。1869年（明治2年）、**維新政府の中核を担っていた長州藩、薩摩藩、肥前藩、土佐藩の藩主達は、連名で版籍奉還を建白した。**その趣旨は、王政復古により、土地と人民を返上する機が熟し、平安時代以前の天皇親政にあった「大体＝土地と人民」と「大権＝土地と人民の私有禁止」の再現が今こそ求められ、そのためには諸藩が幕府から預かっていた土地と人民を朝廷に返還し、天皇の差配で納めるなり再び与えるなりして国内を改定し、国をまとめていただくよう請願する、というものであった。

大名の権威の根拠となる領知権を、雄藩とよばれる薩長土肥が率先して奉還したというニュースには、インパクトがあった。前述のように自領の維持と威信低下に汲々としていた諸藩の藩主にとって、これは希望の光であった。もしかしたら、幕府から与えられていた領地を、今度は天皇の御威光により安堵され、今の地位を保てるのではないかと考えた。戦争で最も功績のある4藩が、連名で建白した事実もその考えを後押しした。結果、その後半年のうちに、雪崩を打つように**271の全藩主（自主的奉還が257、命令での奉還が14）から奉還の上表がなされた。**なんとも現金な話であるが、現実は彼らの期待に沿うものとはならなかった。

この話とは別に境界的なトピックとして、奉還の雪崩現象が終わった翌月、1869年7月に、**蝦夷《えぞ》地開拓の機関として「開拓使」が設置され、さらに翌8月には、蝦夷《えぞ》地を「北海道」と改称、11ヶ国と86郡が設定された。北海道の11ヶ国を合わせて、令制《りょうせい》国は五畿八道84ヶ国と**なった。

開拓使時代の北海道

蝦夷地を北海道と改称し、11ヶ国に分割。これにより令制国は73ヶ国から84ヶ国となった。

参考：「北海道の暮らし、旅。ローカル情報Webマガジン『ピクル』」(https://pikule.jp/what-is-the-name-of-the-country-left-in-the-name-of-the-pass-in-hokkaido/)

9 藩制の激震

藩に追い打ちをかける非情な政令

改革を早める政府の歩みに、ついていけない諸藩。
ついに音をあげて消滅していくものも。県境誕生まであとわずか！

版籍奉還で国土が天皇の元にまとまったことで、新政府は改革に本腰を入れ始めた。続々と政令を発し、藩札の通用禁止、開港以外での外国船との取引禁止、など、それまで藩独自の判断で行っていたものを統制した。また旧幕臣の領地も政府に返納させ、1869年（明治2年）12月5日には、**旧幕府時代にできた、各藩にある膨大な飛び地の整理を、府県の管轄で行う**ことが定められた。

さらに1870年（明治3年）9月には**「藩制」**が公布された。藩制では**大藩（15万石以上）**、**中藩（5万石以上）**、**小藩（5万石未満）**の区分と、府県との組織の統一、藩札の償還期限設定、政府への軍事費の上納など、**藩を府県にさらに近づけ、より一層の中央集権化**を図り、府藩県三治体制を確実なものにしようと試みられた。だが、かねてよりの財政赤字に苦しむ各藩では、藩札も出せないうえに、さらに上納金まで求められては、藩内の改革どころではなかった。家禄を返上するだけでは足らず、農民や商人へ帰属する藩まで現われた。それでもどうにもならなくなると、自主的な廃藩の申請をする藩も現れ、1871年（明治4年）7月までに、盛岡藩や長岡藩など、**廃藩を申し出、受理された藩は13に上った。**藩制の政令は士族卒の身分制度の解体を促進させ、人民の身分の差を埋める契機となったが、その反動も大きく、特に官軍側の藩内では不満を募らせていた。

廃藩置県 ついに県境が誕生！

10

改革の行き詰まりと藩体制の限界が、廃藩置県を招いた。県境誕生の裏には、実は場当たり的な対応、それも電光石火の早わざがあった。

府藩県三治体制と藩制の布告により、各藩は痛みをともなうどころか、出血死寸前の改革を続けていた。当然藩内の不満は高まり、天皇の威光すら届かなくなりそうな勢いである。そこで、**今の「藩」という枠組みがある限り、改革の貫徹は不可能**との声が、各地から上がるようになってきた。政府へも、数藩の知藩事から改革の提案があった。そのなかには**郡県制、州制への転換**を求めるものもあったという。一方、政府の状況としては、薩長土の三藩提携論によって政府を支える地固めがされたものの、先述のような声が届いていた明治4年7月上旬頃は、人事と政治改革問題でもめ、空転が続いていた。政治的な空白が長引けば、何が起きるか分からない微妙な時期である。誰しもが状況を打開する策を欲していた。

そんななかであった。長州藩内で「廃藩立県」案が浮上した。提案は政府の起死回生策として、瞬く間に山県《やまがた》、木戸、井上、西郷、大久保といった政府要職の承認を得、廃藩断行のプランが急遽話し合われた。その後天皇に上奏して裁可を得たことにより、**1871年（明治4年）7月14日、皇居にて「廃藩置県」の詔書が、集められた在京知藩事56名の前で読み上げられた。**版籍奉還に夢を見ていた知藩事たちにとって、それはまさに青天の霹靂であった。廃藩立県の話が出てから、わずか10日のできごとである。廃藩置県は、府藩県三治体制での改革の限界がもたらしたものであり、政府が当初目指していた着地点ではなかった。ただし、仮にこの時点で廃藩がなされていなかったとしても、時代の役目を終えていた「藩」という枠組みは、遅かれ早かれ消滅する運命であったと思われる。

廃藩置県直後の埼玉県

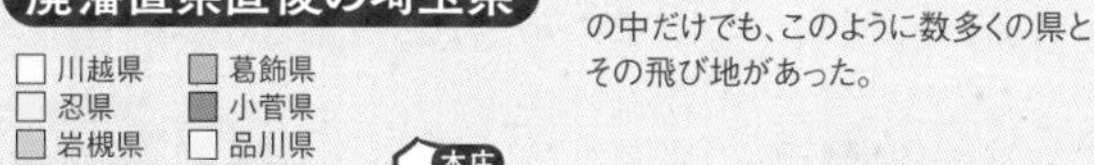

廃藩置県の一例。現在の埼玉県域の中だけでも、このように数多くの県とその飛び地があった。

参考：『新編埼玉県史図録』1993）

11

47都道府県へ
日本は県境だらけに!?

ここからが境界混乱の最終章となる。
飛び地の整理、各県のバランス調整、民間の風俗・風習の折り合い。
現在の形になるまで、日本国内中が再び混乱する。

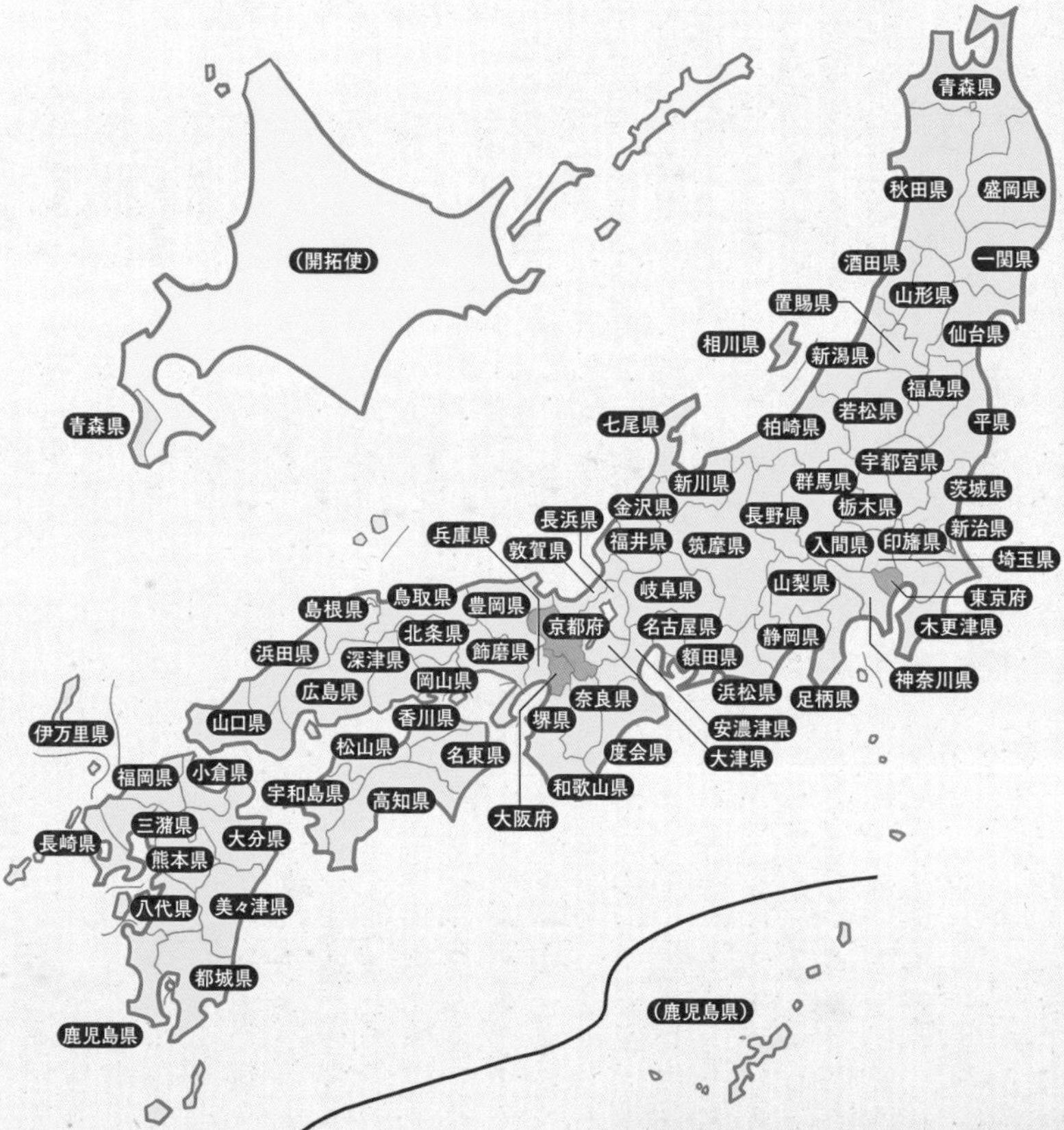

参考:「市町村変遷パラパラ地図」
(http://mujina.sakura.ne.jp/history/00/pref/index.html)

第一次府県統合（明治4年）

廃藩置県の4ヶ月後、「第一次府県統合」により、
3府302県が3府72県となった。

第二次府県統合（明治9年）

第一次から5年後の「第二次府県統合」で、県の数はさらに減り、3府36県となった。

参考:「エンタメ!東京ふしぎ探検隊」(https://style.nikkei.com/article/DGXMZO91885620Y5A910C1000000/)

「仍《よっ》て今更に藩を廃し県と為す」という詔書によって、**全国261の藩は瞬時に消滅した**。そしてそのまま県へ改まり、これまであった3府41県と合わせ、その**数は3府302県**となった。県の大きさも1万石から、100万石までまちまち。それも幕藩体制下で増えに増え、飛びに飛んだ無数の飛び地をもったままである。行政の混乱は火を見るより明らかであった。このような状態を喜ぶのは県境マニアくらいであろう。すぐに改革の手がのび、**同じ年の11月に「第一次府県統合」が行われた**。ここで3府72県にまでまとめられる。**県の名称を県庁所在地の都市名か、郡名に変更**、府県の大きさもある程度合わせられ、旧藩主たちの影響力は、極力排除されることになった。

この時、**府県の境界を決める参考になったのが、令制《りょうせい》国と郡であった**。古くから残るこの区分は、日本の地理、気候、風土に根付いたものであり、民衆の人情、慣習にも馴染むものであった。翌**1872年（明治5年）には「琉球藩」が成立**。県ができた後に「なぜ今更藩を？」という疑念はもっともで、これまで琉球は「琉球王国」として、薩摩藩の間接的な支配下にあった。それを、近年の西欧諸国の植民地化を警戒した政府が、琉球を日本の領土にするために、政府直轄地として琉球王を藩主に据え、琉球藩としてその領有を喧伝した。清国はこれに異を唱えたが、この問題はのちに、日清戦争で日本が勝利することで決着した。藩となったその7年後、1879年（明治12年）に、琉球藩は沖縄県と改められた。

時系列を戻すと、第一次府県統合のあとも、県の統廃合は頻繁に行われた。そのなかでも大規模なのが、1876年（明治9年）に、二度に渡って行われた「第二次府県統合」である。各県の人口、経済規模をなるべく均等にし、県域の広域化を図ったもので、県の数はさらに減り、3府35県、1開拓使、1藩となった（前述のように、琉球藩は明治12年に沖縄県になり、3府36県となる）。

しかしこの統合は山陰が島根県だけになったり、四国が二国になったり、奈良県が消失するなど、各県の事情を汲み切れていない強引な統合が多かった。吸収された県には行政が行き届かず、旧県民の不満も募り、県議会もまとまらず、地方は荒れに荒れた。分県の陳情も相次ぎ、旧士族たちの暴力行為も看過できず、その3年半後の1880年（明治13年）には県の再配置が行われることになった。各地の実情に沿う形で県を分割させ、3月2日の徳島県設置を皮切りに、1881年（明治14年）に堺県を廃止して大阪府に編入、福井県分離設置。同年9月12日鳥取県再配置。1882年（明治15年）2月8日北海道開拓使を廃止、代わりに札幌県、函館県、根室県の3県を設置。1883年（明治16年）富山県、佐賀県、宮崎県を再配置。1886年（明治19年）札幌県、函館県、根室県の3県を統合し、北海道を設置。1887年（明治20年）奈良県を分離配置。1888年（明治21年）最後の県、香川県が愛媛県より分離して再配置された。これにより、3府1道43県となり、県の統廃合は落ち着くこととなる。東京は1878年（明治11年）に静岡県から伊豆諸島が、1893年（明治26年）に、南多摩、北多摩、西多摩の三郡が神奈川県から東京府へ編入され、現在の形になった。この体制で明治が終わる。

その後一気に時代を下り、昭和の世で県境の変遷は完結する。第二次世界大戦中、帝都（東京）に、今の国家にふさわしい機能を整備することを目的に、1943年（昭和十八年）東京府が廃止され、東京都制が施行された。1945年（昭和20年）から敗戦によりアメリカの統治領となっていた沖縄県は、1972年（昭和47年）5月15日に日本に返還された。これで現在の1都1道2府43県、計47都道府県がそろい、現在に至る。

現在の都道府県

昭和47年に沖縄県が返還され、現在の1都1道2府43県となった。

ここはどちらの県?!

実は
決まっていない
県境

The areas with no prefectural boundaries

謎多き境界未定地

歴史的な紆余曲折を経て定まった県境は、
大縮尺の地図では一見完璧に見える。
だが、実は「境界未定地」が意外に多く、
県境が全て画定しない自治体は 20 都県に及ぶ。
ここではそういった県境の“ほころび”を、
二つほど取り上げてみたい。

富士山

日本で一番高い場所は私有地?!

Mt.Fuji

日本人なら誰でも知っている山といえば、富士山であろう。美しい曲線を描き、山頂が平らな独特のシルエット。朝日にも夕日にも映えるその姿は、見る者を魅了する。正に日本のシンボルだ。

そんな心のふるさとの富士山であるが、その山頂は誰の物かときかれて、答えられるだろうか。静岡県？　山梨県？　それとも国？　実は、いずれも間違いだ。富士山の山頂は、「富士山本宮浅間大社」という神社の私有地となっている。つまり、富士山の8合目から上は、神社の境内なのだ。山頂には当社の「奥宮」が鎮座している。

どうしてそうなったのか、起源をたどってみよう。浅間大社は、3世紀後半の垂仁天皇が、噴火する富士の御神霊をその山麓にて鎮めたのが起源とされ、御神体は富士山体そのも

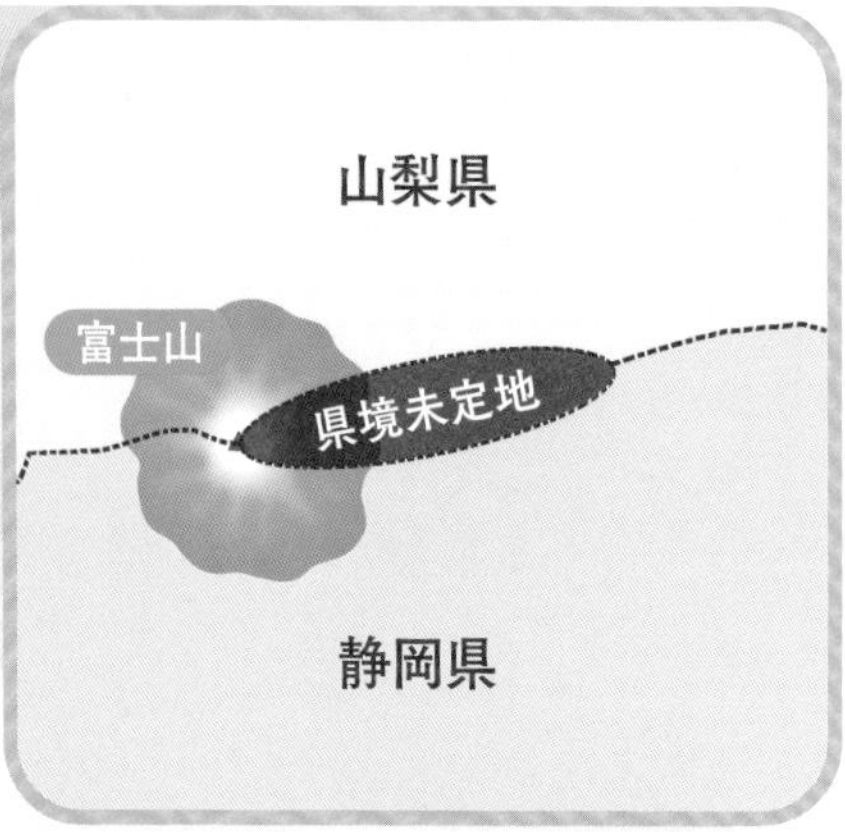

日本最高地点の剣ヶ峰(写真左)と、富士山火口(御鉢)。このあたりは境界未定地となっている。

のである。以来、朝廷と武家に篤く崇敬され、特に駿河《するが》国の徳川家康も熱心であったという。1606年（慶長11年）には、武田氏との戦で焼失した社殿を再建した後、富士山の8合目より上を、浅間大社に寄進したといわれている。

　その後、元禄の争論（1703年）、安永の争論（1772年）といった、富士山頂とその境界にまつわる争いが続く。当時から人々の信仰を集める富士は、利権を巡る争いが絶えなかったのだ。しかし、1779年（安永8年）に、幕府が富士山の8合目より上を、浅間大社のものとする裁定を下したことで、この問題は決着した……はずだった。時は下り1877年（明治10年）になると、新政府の施策により国中の神社の土地が国有化された。富士山も例外なく、国の土

地とされてしまう。大社側の異議は認められなかったものの、１９３２年（昭和７年）には国有境内地ということになった。

戦後になると政教分離でガラリと方針が変わり、取り上げた土地を、今度は各神社に譲与することになった。しかし浅間大社の場合、富士山頂は公益性が高いとされ、８合目から上については一部しか譲与されなかった。これには大社も納得いかず、１９５７年（昭和32年）には法廷に訴えた。裁判は長期化したが、地裁、高裁、最高裁、全てが大社側の訴えを認める判決となり、１９７４年（昭和49年）、測候所と登山道などを除く、富士山の８合目より上の土地は浅間神社（当時）のものであると確定した。

その後、国から大社側に譲与の手続きがされたが、それは判決から30年後の、２００４年（平成16年）のことである。30年もかかったのは、別に国がサボっていたわけではない。登記したくても出来ない状況にあったのだ。

なぜなら、富士山の山頂付近の県境が未確定だったからだ。

江戸時代より争いが続いたせいなのかはわからないが、県境が未定になっている理由ははっきりとしない。静岡県と山梨県にとって、富士山の所属はとても敏感な話で、決めようにも決められない事情があるのだろう。実際、両県知事も、２０１４年（平成26年）に富士山の県境は画定させないと宣言している。

それにしてもすごいのは、富士山をポンと寄進して、今もその効力が残る東照大権現の権威と威光である。富士山同様、歴史の傑物はスケールが大きい。

日本最高地点碑の横にある、二等三角点。国内最高所にある三角点が、二等なのは意外。

日本の最高地点、標高3776m「剣ヶ峰」。

実は決まっていない県境

戸土部落。県境の標識は、地元の人が建てたもの。写真奥が雨飾山。

戸土

Todo

神事が行われる山奥の境界未定地

新潟県西部、糸魚《いとい》川市に流れ込む姫川に、根知《ねち》川という支流がある。沿岸の田園を眺めながらその川沿いを上がっていくと、途中から山に入り、狭く、急こう配の道となる。この先に行けるのかと、不安が大きくなる頃にたどり着くのが、長野県北安曇《あづみ》郡小谷《おたり》村の戸土《とど》部落だ。

雪をかぶった雨飾山《あまかざりやま》を望める山地には、畑はあるものの人家は見えない。平成の初めころまでは人が住んでいたというが、今は無人の集落である。この先、小谷村へと続く山道は車が通れない。ここは長野県であるが、車だと新潟県側から回り込まないとたどり着けないのである。そして、この周辺の数百mが、県境の未定地となっている。

この辺りでは、江戸時代に「信越国境争論」とよばれる境界争いが起き、越後と信濃両国の村人が、幕府へ訴える事態となったエピソードが残っている。幕府は役人を派遣し、実地検分を行った。その結果、信濃側の言い分が通り、1702年（元禄15年）に国境が定まったという。

その際、信濃有利の判決につながったのが「式年薙鎌《なぎがま》打ち神事」といわれている。これは、諏訪大社で6年に一度行われる「木落し」で有名な御柱祭の前年に行われる神事で、「薙鎌」とよばれる鳥の頭のような神器を、境内の神木に打ち込む儀式だ。その儀式を戸土の「境の宮」と、近くの中股集落にある「小倉明神」とで、6年ごとに交互に行うという。

諏訪大社の神事が行われるのは、当然、諏訪大明神の神威が及ぶなかなので、戸土は

戸土にあった分校跡。校舎の2階から日本海が見えたという。前を通る道は、かつて「塩の道」とよばれた千国街道。

諏訪大社、つまり信濃の国ということになる。しかし、現状は境界未定地となっているのはなぜなのか。

一説には、この辺りは地形の崩壊が激しく、境界が分からなくなるほど崩れてしまったことが原因といわれている。戸土の近くには北アメリカプレートとユーラシアプレートがぶつかる断層「糸魚川ー静岡構造線」があり、太古から何度も断層が動いているので、そういったことが関係しているのかもしれない。

最後は余談になるが、この地は、山に囲まれた信州で唯一海が見える場所といわれている。

戸土地区の近くにあるフォッサマグナパークでは、糸魚川ー静岡構造線の断層を確認できる。東西日本の地質の境目だ。

おわりに

県境はメタ情報である。
いうまでもなく、県境は自然発生的に誕生したものではなく、
人の都合で引かれた線である。「その川が県境だ」といわれても、
そこを泳ぐ魚には関係のない話で、人間にのみ通用する概念だ。
見えない概念を楽しむことができるのは、
ホモ・サピエンスという高度な知性体の特権である。
しかし、見えないからこそ、識《し》らなければ気がつかない。
筆者自身も、県境マニアの師匠と出会うまでは、
「県境」の概念を認識することもなかった。
県境趣味がほかの趣味に比べてマイナーなのは、
県境が趣味になり得ると識る環境がないことに起因していると想像する。
10 年以上昔、県境マニアのオフ会でもこの話題になり、
どうすれば県境趣味を周知することができるか、皆で話し合った。
いつの世も「啓蒙」は、先達が最も心を砕く部分である。
そして、その私なりの回答が、県境イラスト同人誌活動であった。
本をつくり、イベントに参加するたびに思う。
県境趣味を初めて知る人のなんと多いことか。
あの日本最大の同人誌即売会「コミックマーケット」においても、
参加 3 万数千サークルのうち、県境を扱うのは
私のサークルだけの状況が続いている。
県境趣味の認知をもっと広げねば。
そう思いを新たにしていた矢先、科学書籍を出している友人から、
「本の企画書を出してみませんか」というお誘いがあった。
その話が発端となり、本書を世に出すことができた。
提案してくれた友人には、心より感謝申しあげたい。
大仰なことはいわない。この本を端緒に、県境を楽しむ人が少しでも増えて、
以前よりいくばくか、県境趣味が市民権を得ることができれば幸甚である。

最後に、県境という得体の知れない企画と、出自も不明な筆者に、
出版の機会を与えてくださった編集長の大倉さんと、
稚拙な文章と遅れまくった原稿でご迷惑をおかけし続けた編集の伊藤さんに、
末筆ながらこの場をお借りして厚く御礼申しあげたい。

2022 年 7 月　田《た》仕《し》 雅淑《まさよし》

参考資料

《一般書籍》

『江戸三百藩全史　増補改訂版』　2017年　スタンダーズ

『江戸三百藩大全　廣済堂ベストムック287号』　著：中山良昭　2015年　廣済堂出版

『カラー版　ふしぎな県境』　著：西村まさゆき　2018年　中央公論新社

『消えた都道府県名の謎』　著：八幡和郎　2016年　イースト・プレス

『奇妙な県境　62の不思議』　著：浅井建爾　2015年　実業之日本社

『旧国名でみる日本地図帳　お国アトラス』　2020年　平凡社

『「県境」の秘密』　著：秋山忠右・中原淳　2009年　PHP研究所

『県境マニア！日本全国びっくり珍スポットの旅』　著：石井裕　2009年　ランダムハウス講談社

『古代史講義』　編：佐藤信　2018年　筑摩書房

『古地図からみた古代日本』　著：金田章裕　1999年　中央公論新社

『五訂　必携日本史用語』　著：日本史用語研究会　2015年　実教出版

『時間を忘れるほど面白い「日本地理」の謎』　著：博学面白倶楽部　2019年　三笠書房

『知らなかった！驚いた！日本全国「県境」の謎』　著：浅井建爾　2007年　実業之日本社

『知らなかった！「県境」「境界線」92の不思議』　著：浅井建爾　2013年　実業之日本社

『新版　古代史の基礎知識』　編：吉村武彦　2020年　KADOKAWA

『地図で読む日本の古代史』　著：「歴史ミステリー」倶楽部　2013年　三笠書房

『地図とデータでみる　都道府県と市町村の成り立ち』　著：齊藤忠光　2020年　平凡社

『地名から歴史を読む方法』　著：武光誠　1999年　河出書房新社

『てくてく歩き　大きな文字で読みやすい　四国八十八ヵ所ゆとりの旅』　2017年　実業之日本社

『道路の日本史』　著：武部健一　2015年　中央公論新社

『利根川・隅田川』　著：安岡章太郎　2020年　中央公論新社

『内戦の日本古代史　邪馬台国から武士の誕生まで』　著：倉本一宏　2018年　講談社

『長野「地理・地名・地図」の謎』　著：原智子　2014年　実業之日本社

『なんだこりゃ？知って驚く東京「境界線」の謎』　著：小林政能　2016年　実業之日本社

『なんだこりゃ?!まだまだあるぞ「県境」&「境界線」の謎』　著：浅井建爾　2009年　実業之日本社

『日本全国　境界未定地の事典』　著：浅井建爾　2019年　東京堂出版

『日本の先史時代』　著：藤尾慎一郎　2021年　中央公論新社

『日本の不思議！全国飛び地と境界線地図』　著：インパクト　2012年　新人物往来社

『NEW日本の歴史1　国の成り立ち〜旧石器時代・縄文時代・弥生時代・古墳時代〜』
総監：大石学　2021年　株式会社学研プラス

『廃藩置県　近代国家誕生の舞台裏』　著：勝田政治　2014年　KADOKAWA

『藩と県　日本各地の意外なつながり』　著：赤岩州五・北吉洋一　2019年　草思社

『秘境駅へ行こう！』　著：牛山隆信　2001年　小学館

『道が語る日本古代史』　著：近江俊秀　2012年　朝日新聞出版

『村の日本近代史』　著：荒木田岳　2020年　筑摩書房

『読むだけですっきりわかる日本史』　著：後藤武士　2008年　宝島社

『47都道府県　地名の謎と歴史　一個人2021年5月号増刊』　2021年　KKベストセラーズ

《書籍外》

『軽井沢 碓氷峠 信濃国特別神社 熊野皇大神社』（パンフレット）　熊野皇大神社

『北国街道　関川の関所　道の歴史館読本』　北国街道・関川の関所道の歴史館

『旧国鉄中央西線　愛岐トンネル群今昔ものがたり　活動レポートNo.3』
2020年　特定非営利活動法人 愛岐トンネル群保存再生委員会

《論文・データなど》

「伊勢・三河湾流域における土地の履歴」環境省
https://chubu.env.go.jp/to_2010/data/0518b_4.pdf

「衛星データを活用した利根川の流路変遷に関する研究」藤井壽生ほか　2008年　土木学会論文集G
https://www.jstage.jst.go.jp/article/jscejg/64/1/64_1_1/_pdf/-char/ja

「河川名索引（日本）」国土交通省河川局　2017年
https://www.nakanihon.co.jp/gijyutsu/Shimada/RiverAndBridge/RiverNameCodeIndex.pdf

「関東平野における過去12,000年間の環境変遷」吉川昌伸　1999年　国立歴史民俗博物館研究報告
https://rekihaku.repo.nii.ac.jp/?action=repository_action_common_download&item_id=919&item_no=1&attribute_id=22&file_no=1

「国土交通省　金沢河川国道事務所・富山河川国道事務所　記者発表資料」2015年
https://www.hrr.mlit.go.jp/kanazawa/mb5_kouhou/press/h27/p1030_1.pdf

「国内におけるサイクルツーリズムの現状」国土交通省
https://www.mlit.go.jp/road/ir/ir-council/ncr/pdf01/05.pdf

「古代越前国と愛発関」舘野和己　2006年　福井県文書館研究紀要３
https://karin21.flib.u-fukui.ac.jp/repo/bdyview.do?bodyid=BD00010149&elmid=Body&fname=3-tateno_cover.pdf

「静岡県自然観察ガイドブック31　箱根外輪山西麓-静岡県」富士箱根伊豆自然観察指導員連絡会　2005年
https://www.pref.shizuoka.jp/kankyou/ka-020/kankyokyoiku/documents/31kansatugaido.pdf

「静岡県鉄道乗降人数_令和元年度」静岡県
http://toukei.pref.shizuoka.jp/toukeikikakuhan/page/nenkan/documents/r01_11_06.pdf

「視点を変えた「謎の４世紀」朝鮮側の資料から日本の「謎の４世紀」を探る」増子哲央
2017年　頸城野郷土資料室学術研究部 研究紀要Vol.2/No.6
https://www.jstage.jst.go.jp/article/kfa/2/6/2_1/_pdf

「縄文遺跡と河川ー遺跡で見る河川考古学ー」末次忠司　1999年　水利科学
https://agriknowledge.affrc.go.jp/RN/2030591097.pdf

「鈴鹿関をさぐる」亀山市歴史博物館
http://kameyamarekihaku.jp/suzukanoseki/shousai.html

「東西文化の調査報告書（抜粋）」岐阜県関ヶ原町
http://www.town.sekigahara.gifu.jp/secure/5419/touzaibunnka.pdf

「『福井県史』通史編1　原始・古代」福井県文書館
https://www.library-archives.pref.fukui.lg.jp/fukui/07/kenshi/T1/1-00.htm#-01-04-01-04

《WEBサイト》

※いずれも2022年5月13日閲覧

〈ポータルサイト〉

「古文書ネット」https://komonjyo.net/index.html

「ゼンリン地図・ルート検索｜いつもNAVI」https://www.its-mo.com/

「乗りものニュース」https://trafficnews.jp/

「Google Map」https://www.google.com/maps/

「Japan Knowledge Personal」　https://japanknowledge.com/personal/

「pixpot」https://www.pixpot.net/

「weblio国語辞典」https://www.weblio.jp/

「YAMAKEI ONLINE」https://www.yamakei-online.com/

「4travel.jp」https://4travel.jp/

《公式サイト》

「秋田県総合教育センター　火山の形」
http://www.akita-c.ed.jp/e-furusato/tyoukai/kazankei.html

「あわら市HP」
http://www.city.awara.lg.jp/index.html

「一般国道470号能越自動車道　七尾氷見道路」
http://www.hrr.mlit.go.jp/kanazawa/road/nanaohimi/index.html

「一般社団法人　日本ダム協会」
http://damnet.or.jp/jdf/kyokaisigoto/sigotoB.html

「越前加賀県境の館条例 」
https://www1.g-reiki.net/awara/reiki_honbun/r019RG00000617.html

「大谷大学　読むページ　生活の中の仏教用語『倶利迦羅』」
https://www.otani.ac.jp/yomu_page/b_yougo/nab3mq0000000r0v.html

「岡山の情報サイト・岡山の街角から」
https://www.okayamania.com/chimei/mimasaka/kimendai.htm

「北国街道　関川関所　道の歴史館」
http://myhp.joetsu.ne.jp/sekigawa-sekisyo/

「恋結びの街　湯の山温泉」
https://www.yunoyama-onsen.com/

「高野山真言宗　別格本山　倶利迦羅不動寺」
https://www.kurikara.or.jp/

「国土交通省　弥栄ダム管理所　ダム豆ちしき」
http://www.cgr.mlit.go.jp/yasaka/about/yakuwari/mame/index.htm

「御誕生600年記念 蓮如さん―ご生涯と伝説―」
https://honganjifoundation.org/rennyosankaruta/about.html

「さんりく旅しるべ〜いわて三陸観光ガイド〜」
https://sanriku-travel.jp/

「しあわせ信州　長野県魅力発信ブログ」
https://blog.nagano-ken.jp/archive

「関ケ原の文化遺産・観光・旅行情報サイト　関ケ原観光ガイド」
https://www.sekigahara1600.com/spot/nemonogatarinosato.html

「ダム博物館」
http://damhaku.jp/dhA.cgi?rid=5&mid=15&kmid=15

「つえたて温泉ひぜんや」
https://www.hizenya.co.jp/#section01

「とちぎいにしえの回廊」
https://www.inishie.tochigi.jp/index.html

「奈良県歴史文化資源データベース　いかす・なら」
https://www3.pref.nara.jp/ikasu-nara/

「にいがた観光ナビ」
https://niigata-kankou.or.jp/

「ひろしま公式観光サイト　Dive!Hiroshima」
https://dive-hiroshima.com/

「ほっと石川旅ねっと」
https://www.hot-ishikawa.jp/

「星ふるヴィレッジTENGU」
https://village-tengu.com/

「街ぶら散歩道　井原市高屋」
https://www.kurashiki-tabi.jp/ryuiki/extra/matibura/spot/ibara.html

「三重県公式サイト」
https://www.pref.mie.lg.jp/index.shtm

「妙高市HP」
https://www.city.myoko.niigata.jp/home.html

「もうひとつの那須 芦野　白河二所の関碑」
https://nasumatch.com/spot/0329429/

〈ニュース記事〉

地域ブラントNEWS「都道府県魅力度ランキング(地域ブランド調査2021)」
https://news.tiiki.jp/articles/4697

千葉テレビ放送公式YouTube「『ちば見聞録』#011『利根川紀行（前編）』（2014.6.14）」
https://www.youtube.com/watch?v=x7QtNAEyhAQ

マイナビニュース「北陸本線『倶利伽羅駅』名前の由来は日本語ではなかった⁉」
https://news.mynavi.jp/article/trivia-280/

NIKKEI STYL　旅行・レジャー「大阪・伊丹空港、飛び地また飛び地の謎 起源は『太閤検地』？」
https://style.nikkei.com/article/DGXNASIH0200F_S1A101C1AA2P00/

YAHOO！JAPANニュース「富士山と宗教(20)八合目から頂上は県境なし。土地未登記の『異界』」
https://news.yahoo.co.jp/articles/c03e2d2f802d6becbd8987fd6cd872257f6cfee1

〈ブログ〉

「黒田家譜」
https://sakaiisi.michikusa.jp/page041.html

「古道　塩の道　千国街道」
https://fumoto.info/todo.html

「御領の古代ロマンを蘇らせる会」
http://blog.livedoor.jp/geibi/archives/29578796.html

「神社ログ　古代の官道、東山道の境に鎮座する境の神～追分の明神（那須町・白河市）」　http://blog.livedoor.jp/letororo_0529/archives/24931633.html

「新・高井野風土記」
http://www.okadanouen.com/takaino/index.html

「黄昏への道　石川県は、なぜ『越前』と『越中』に挟まれているのか？」
https://www.e-sigma.jp/wp_blog/old-country-180123/

「日本の地形千景＋α　栃木県・那珂川町, 茨城県・大子町：境明神峠」
https://www.web-gis.jp/GM1000/LandMap/LandMap_06_010.html

「日本の地形千景＋α　栃木県・那須町, 福島県・白河市：東北本線廃線跡」
https://www.web-gis.jp/GM1000/LandMap/LandMap_06_011.html#c

「毎日がエブリデイ　国道の県境」
http://eburi.road.jp/kenkyo/

田仕《たし》 雅淑《まさよし》

1971年、東京都生まれ。
イラストの専門学校を卒業後、PC系ゲーム会社、
測量会社などに勤め、フリーのイラストレーターに転向。
その後漫画業界に入り、漫画家大暮維人のアシスタントを務める。
現在はゲーム業界に戻り、美術設定や背景の仕事をするかたわら、
個人サークル「ぱとや」を立ち上げ、
「ぱと タシオ」のペンネームで、
県境を絵にして紹介する同人誌活動を続けている。

STAFF

編集／伊藤あずさ・大倉誠二（技術評論社）
写真・県境イラスト／田仕雅淑
地図イラスト／青山京子
装丁・本文デザイン／神永愛子（primary inc.,）
DTP ／山口勉・松尾美恵子（primary inc.,）

県境《けんざかい》マニアと行《い》く
くるっとふしぎ県境《けんざかい》ツアー

発行日　2022年 7月29日　初版　第1刷発行

著　者　田仕雅淑
発行者　片岡　巌
発行所　株式会社技術評論社
東京都新宿区市谷左内町21-13
電　話　03-3513-6150　販売促進部
03-3267-2270　書籍編集部
印刷・製本　大日本印刷株式会社

ISBN978-4-297-12968-2 C2026

Printed in Japan

『県境マニアと行く
くるっとふしぎ県境ツアー』
書籍ページ